insel taschenbuch 4875
Weihnachtskatzen

Schöne Bescherung, mag so manche Katze denken, wenn wieder einmal Weihnachten vor der Tür steht. Vorbei mit der Ruhe! Doch im Geheimen lieben Katzen Weihnachten, auch wenn sie das nicht immer zugeben wollen. Denn nun beginnt eine spannende Zeit, in der es viel Neues zu entdecken gibt, das wesentlich spannender ist als der Kratzbaum.

Von zwei einfallsreichen Freundinnen, die ein gemeinsames Zuhause suchen; von einem wagemutigen Streuner, der das Schlittenfahren entdeckt, und einem wahren Meisterdieb, der auf Beutezug geht; von weisen Katzen, die Schicksal spielen, und einem beleibten Hauskater mit einer Schwäche für Thunfisch, der das rote Phantom jagt ...

Davon und von vielem mehr erzählen die hier erstmals veröffentlichten Geschichten von Annette Amrhein, Anja Baumheier, Claire Beyer, Dorette Deutsch, Tanja Dückers, Ellen Dunne, Katharina Greve, Tatjana Kruse, Christa Lind, Particia Paweletz, Ilke S. Prick, Franziska Wolffheim, Theresia Walser.

Weihnachtskatzen

Neue Geschichten

Herausgegeben von Gesine Dammel

Insel Verlag

2. Auflage 2021

Erste Auflage 2021
insel taschenbuch 4875
Originalausgabe
© Insel Verlag Berlin 2021
Quellenverzeichnis am Schluss des Bandes
Vertrieb durch den Suhrkamp Taschenbuch Verlag
Umschlaggestaltung: Designbüro Lübbeke Naumann Thoben, Köln
Umschlagabbildung: Memento/mauritius images, Mittenwald
Vignetten: © Jörg Hülsmann
Satz: Satz-Offizin Hümmer GmbH, Waldbüttelbrunn
Druck: CPI books GmbH, Leck
Printed in Germany
ISBN 978-3-458-68175-5

Inhalt

Claire Beyer
Jack, der Meisterdieb

Nicht schon wieder! Wie an fast jedem Abend in diesen frühen Herbsttagen schepperten und knallten Fußbälle gegen den Zaun, der mein Grundstück vom Bolzplatz trennt. Das Gitter hatte die Stadt gemeinsam mit den Vertretern des Jugendzentrums errichtet, um die Anzahl der Bälle, die in meinen Garten flogen, ebenso zu reduzieren wie meine Anrufe beim Bürgermeister. Beides half nicht wirklich viel. Immer wieder das Rascheln, wenn auf der Suche nach dem Spielgerät Zweige zur Seite geschoben wurden, und immer wieder Fußspuren in meinen Blumenbeeten neben den geköpften bunten Blüten. Die Durchwahlnummer zum Bürgermeister kannte ich längst auswendig.

Doch diesmal war es anders. Kein Gejohle wie sonst, wenn einer ausgewählt worden war, den Ball zu holen, kein Streit und kein Geschrei. Es hatte geknallt und gescheppert, dann war es verdächtig still geblieben. Ich wusch gerade Tomaten, Kräuter und Salatblätter für das Abendessen – die schmale Ernte meines Gemüsebeetes, das zum Glück außerhalb der

Schussrichtung lag und mir so unversehrte Erträge schenkte. Irritiert von der plötzlichen Stille unterbrach ich meine Arbeit und öffnete das Fenster. Niemand war zu entdecken, keiner suchte zwischen den Büschen oder am Zaun, kein Rascheln war zu hören. Ich ging zur Terrassentür und blickte auf ein grauweißes Bündel, das unbeweglich und still vor mir auf dem Steinboden lag.

Ich holte eine Taschenlampe, weil die Außenbeleuchtung längst zielgenau abgeschossen worden war, und erkannte im diffusen Lichtstrahl ein zusammengekauertes Tier, ein Hund vielleicht, oder eine Katze, ein Hase, womöglich ein Fuchs. Sie alle hatte ich schon in meinem Garten beobachten können, denn am Ende der Siedlung stand eine dunkle Wand aus Tannen- und Laubbäumen, wo die Wildtiere ihre Heimat fanden.

Das nachtgraue Bündel stellte sich als Kater heraus, der auf den Namen Jack hörte. So stand es auf dem roten Band, das er um den Hals trug. Ansonsten wies nichts auf einen Besitzer hin. Woher das Gepolter gekommen war, hat sich mir bis heute nicht erschlossen. Ich wollte auch nicht darüber nachdenken.

Ich hatte Jack ins Haus getragen, nach Verletzungen gesucht, aber außer einem etwas derangierten Ohr war nichts festzustellen. Allerdings war er mager und dehydriert. Um das zu diagnostizieren brauchte es fürs Erste keinen Tierarzt. So dachte ich damals, als wäre es das Normalste, ein Tier, das auf der Terrasse liegt, mit ins Haus zu nehmen. Aber manche Dinge des Lebens sind so einfach, da gibt es keine zweite Lösung.

Ich legte den abgemagerten Kerl in der Küche auf die Holzbank vor dem Kachelofen. Er blieb ganz ruhig, ließ sich nach der oberflächlichen Untersuchung streicheln und schaute mich dabei mit einem trüben Blick an, der alles heißen konnte.

Außer einer Leberpastete, die als Vorrat diente, wenn mein Sohn zu Besuch kam, war nichts für Jack im Kühlschrank. Ich bestrich eine halbe Scheibe Brot damit, zerteilte sie in kleine Stücke und stellte sie vor ihn. Ich selbst aß meinen Salat und die andere Hälfte der Brotscheibe. Das war unsere erste gemeinsame Mahlzeit. Zwischendurch verdünnte ich für ihn Milch mit warmem Wasser. Er schlang nichts hinunter, ließ sich die Zeit, Milch und Brotstückchen zunächst mit seiner rosaroten Zungenspitze zu prüfen. Nach dem Mahl rollte er sich zusammen, und bald schon sah ich, wie sich sein Brustkorb hob und senkte. Jack schlief, und ich schaute ihm lange dabei zu. Ab und an schmatzte er leicht oder schnurrte, doch alles geschah im Tiefschlaf auf der Ofenbank mit einer erstaunlichen Selbstverständlichkeit.

Die nächsten Tage verbrachte er im Haus und spähte jeden Winkel aus. Ich hatte ihm zwar die Haustür geöffnet, als er maunzend davorstand, doch er streckte nur die Nase hinaus und verzog sich schnell wieder nach drinnen. Es dauerte eine ganze Weile, bis er sich draußen umsah. Penibel kümmerte er sich nach seinen Ausflügen um die Körperpflege, und bald schon glänzte sein Fell, wie es sein sollte. Nach wenigen Wochen war er nicht nur rund, sondern auch schön wie eine ägyptische Tempelkatze. Das lag sicher auch an der guten Verpflegung.

Irgendwann im Spätherbst war Jack nicht mehr zu sehen. Ich rief nach ihm, doch er zeigte sich nicht. Erst nach Stunden kratzte es am Fenster. Ich öffnete die Tür, Jack flitzte an mir vorbei, und ich sah, dass er etwas im Maul hatte. Sofort schoss es mir durch den Kopf: eine Maus – und im schlimmsten Fall lebte sie noch! Bloß das nicht!

Doch es war keine Maus. Schlimmer! Jack hatte eine kleine Wollsocke für Säuglinge angeschleppt. Das Preisschild verwies auf unser örtliches Schuhgeschäft, dessen Inhaberin an regenfreien Tagen stets einen Ständer mit einzelnen Schuhmodellen und einen Korb mit handgestrickten Socken vor die Tür stellte. Offenbar war das eine wirkungsvolle Werbung, denn auch Jack hatte sich daran bedient; im besten Fall, hoffte ich, war das Söckchen herausgefallen oder jemand hatte die Socke unterwegs verloren und Jacks Jagdinstinkt ihn dazu veranlasst, die Beute zu mir ins Haus zu schleppen.

Da sich die Socke naturgemäß nicht mehr bewegte, als er sie in der Küche abgelegt hatte, verlor er das Interesse. Ich nahm sie an mich und beschloss, am nächsten Tag zum Schuhgeschäft zu gehen und die Angelegenheit zu regeln. Damit war Jacks Abenteuerausflug für mich erledigt. Aber schon am späten Nachmittag zog er wieder los. Im Nachhinein denke ich, er hätte gleich mit einem Rucksack aus dem Haus gehen sollen, das wäre einfacher für ihn gewesen, denn Jack entpuppte sich als wahrer Einkäufer. Oder als Ladendieb, je nachdem, wie man es sehen will. Mit schlafwandlerischer Sicherheit zog es ihn zu der nahe gelegenen Ladenstraße unserer Stadt. Wie beim Schuhladen wurden auch von den Boutique-Besitzern Waren vor die Tür gestellt: Kleider, T-Shirts, Tops, Hüte und Schals, Halsketten und Schirme, die Konzertagentur zeigte sich mit Prospekten, der Apotheker mit Hustenbonbons, das Optikergeschäft mit Brillenfassungen, der Friseur mit Perücken. Ein buntes und umfangreiches Sammelsurium zierte die Gasse und lud zum Bummeln ein. Auch Jack fühlte sich offensichtlich magisch davon angezogen und bediente sich – bezahlte aber nie. Täglich erwartete ich mit Bangen Jacks Rückkehr, um dann mit hochrotem Kopf die angeschleppten Gegenstände zurückzubringen oder im Verlustfall zu bezahlen. Einzig die amüsierten Reaktionen der Geschäftsleute versöhnten mich manchmal. Denn Jack war inzwischen bekannt wie eine bunte Katze. Schon die Kinder riefen: »Da kommt Jack, der Meisterdieb!« Er liebte ausgesuchte Stücke, Waren, die sich gut in seinem Maul transportieren ließen.

Manches Mal verlor er unterwegs das Interesse an seinen Eroberungen, meistens jedoch brachte er seine Beute total verschmutzt, aber heil in sein jetziges Zuhause.

Der nahende Winter und die einsetzende Regenzeit halfen, das Problem zu entschärfen. Keine Waren vor der Tür, kein Jack, der sich bediente. So einfach war das. Er blieb im Haus, schlief auf der Ofenbank, vertilgte sein Leberpasteten-Brot. Seine Ausflüge begrenzten sich darauf, vor die Haustür zu gehen und wütend auf den Regen zu starren.

Die Adventszeit begann, und pünktlich mit ihr kam der erste Schnee. Zu meiner großen Überraschung liebte Jack dieses weiße Nass. Er wälzte sich darin wie ein Hund, hüpfte im frischen Schnee wie ein Fuchs auf der Jagd nach Mäusen. Ich sah ihm vom Fenster aus zu und freute mich daran. Wenn er zurückkam, trocknete ich sein nasses Fell und versorgte ihn mit einem warmen Milch-Wasser-Gemisch.

Mit meiner Freude war es jedoch kurz nach dem zweiten Advent vorbei. Jack war wieder im erweiterten Radius unterwegs, und es kam, wie es kommen musste. Er brachte Christbaumkugeln, Strohsterne,

Styropor-Engelchen, Hagebuttensträuße, einzelne La-metta-Fäden, Wachskerzen, kleine Baumanhänger wie Holzschlitten, Nikolausstiefel, vergoldete Walnüsse, Glitzersterne, aber auch eine LED-Lichterkette samt Trafo. Er brachte eine Christbaumspitze, Krippen-figuren samt Ochs und Esel, Maria mit dem Jesus-kind, Josef, Kaspar, Melchior und Balthasar. Und den Morgenstern.

Jack, der Meisterdieb, hatte sich in der gesamten Nachbarschaft bedient.

Selbstverständlich war ich zerknirscht, denn es war unmöglich, das Diebesgut den Besitzern zuzuord-nen. Also reinigte und trocknete ich die weihnacht-lichen Utensilien, sammelte sie in einem Korb, ohne zu ahnen, was damit geschehen würde. Jack einzu-sperren brachte ich nicht übers Herz. Er weinte und jammerte derart kläglich, wenn ich ihm die Tür nicht öffnete, dass ich fast mit ihm heulte.

Die Weihnachtswoche begann.

Als ich am Fenster zum Garten stand und meine Weißtanne betrachtete, fiel mir der gut gefüllte Korb mit Jacks Beutestücken ein, der in der Wasch-küche aufbewahrt wurde. Da kam mir eine Idee, die ich rasch in die Tat umsetzte.

Ich schrieb Einladungen an sämtliche Nachbarn unserer Siedlung. Für den Tag vor Heiligabend lud ich sie nachmittags in meinen Garten zu Glühwein und alkoholfreiem Punsch, heißen Maronen und Christstollen ein. Außerdem versprach ich ihnen eine Überraschung. Die Vorbereitung nahm einige Zeit in Anspruch. Während Jack eifrig weiteren Weihnachtsbaumschmuck heranschleppte, buk ich und bereitete das Feuer für die Maronen vor – und ich schmückte die Weißtanne im Garten. Jedes Stück fand seinen Platz. Für die Krippe hatte ich Tannenzweige am Boden ausgebreitet. Die Lichterkette schließlich rundete das festliche Kleid der Tanne ab.

Schon vor der verabredeten Zeit kamen die ersten Besucher. Jack interessierte sich nicht dafür. Er war unterwegs. Ich sah, wie er auf dem Fußballplatz herumstromerte, und war erleichtert, dass er sich nicht wieder auf den Terrassen der Nachbarschaft herumtrieb.

Die meisten, die ich eingeladen hatte, waren schon vor der Zeit da, brachten eigene weihnachtliche Köstlichkeiten mit, und bald bog sich mein Gartentisch unter der feinen Last. Mein Gesicht glühte vor Hitze, die das Maroni-Feuer verströmte, aber auch vor Freude über das gelungene vorweihnachtliche Treffen. Ein lustiges Durcheinander, das für mich nie enden sollte. Aber da war ja noch die Überraschung ...

»Ich bitte«, sagte ich, »um einige Minuten Ihrer

Aufmerksamkeit.« Dabei deutete ich auf meine Weißtanne. »Jack, der hier wohnende Kater, ist ein Dieb«,
begann ich. »Das habe ich nicht gewusst, als er bei
mir einzog. Aber nun ist er eben da, und ich muss
mit seinen Unarten leben.« Auf meine Worte folgte
lautes Gelächter, alle kannten Jack, den Meisterdieb.
»Er hat«, fuhr ich fort, »in den vergangenen Wochen
Weihnachtsschmuck angeschleppt. Ich entschuldige
mich in aller Form und will und kann ihn nicht be-
halten, weshalb ich Sie darum bitte, Ihre jeweiligen
Kostbarkeiten am Ende der Feier wieder mit nach
Hause zu nehmen und mir nicht allzu gram zu
sein.« Nach einem Moment der Stille ertönte wieder
lautes Gelächter. *Aber nein, das ist zu lustig ...* So und
so ähnlich waren die Kommentare. Der Baum bleibe, wie er sei, und wenn bei der Weihnachtsausstat-
tung etwas unbedingt fehle, wüsste man ja jetzt,
wo es zu finden sei. Ich errötete – soweit das überhaupt möglich war – noch mehr und bedankte mich
nach allen Seiten.

In diesem Augenblick schepperte und krachte es.
Einmal, zweimal, dann lautes Gejohle, und schon
flog etwas durch die vorabendliche Dämmerung,
Teller gingen zu Bruch, und noch ehe jemand reagieren konnte, erkannte ich den Ball. Er war hoch über
den Zaun geflogen, auf der festlichen Tafel gelandet,
machte noch einen Hüpfer und kam auf dem glühenden Maroni-Grill zum Stillstand. Mit einem jäm-

merlichen Geräusch pfiff alles Leben aus ihm heraus. Fast gleichzeitig standen sieben Jungs vor dem Gartentor und starrten perplex auf meine Gäste und den Grill. Einer der Nachbarn reagierte als Erster. »Herein mit euch Rabauken«, rief er den Burschen zu, die daraufhin verlegen in meinen Garten schlichen. Während ich den kokelnden Ball vom Grill nahm, hatte der Nachbar bereits mit einer flammenden Rede begonnen. Die Begriffe *Rücksicht* und *Sportsgeist* fielen, und schließlich sollten sie mir in die Hand versprechen, künftig weniger Lärm zu machen und meinen Garten zu schonen. Die Blicke aller Anwesenden waren auf die Jungs gerichtet, und jeder konnte sehen, wie unwohl sie sich fühlten und mit einem Nicken davonmachen wollten. Aber ich hatte meine Fassung wiedergewonnen und lud den unerwarteten Besuch zu einer Runde Maronen und einem alkoholfreien Punsch ein. Mein Garten platzte spätestens jetzt aus allen Nähten.

Es war schon fast achtzehn Uhr, als sich die letzten Gäste verabschiedeten. Mir blieb noch, die größte Unordnung zu beseitigen und den Grill zu sichern. Jack kam, und während ich ihn fragte, ob er mir zur Hand gehen wolle, bemerkte ich einen größeren Gegenstand in seinem Maul. »Jack!«, sagte ich vorwurfsvoll und konnte doch ein lautes Lachen nicht zurückhalten, als sich seine jüngste Trophäe als Torwart-Handschuh erwies.

Am späten Abend saßen Jack und ich zusammen. Er mit einem bestrichenen halben Leberpasteten-Brot, ich mit einem wunderbaren Christstollen. Ich wollte die Gelegenheit nutzen, ihm ins Gewissen zu reden, ihm von dem Aufwand erzählen, den ich durch seine Diebeszüge zu leisten hätte. Aber er war schon zu mir gekommen, hatte seinen Kopf an mein Gesicht gedrückt und sich mit seinem ganzen Körper an mich geschmiegt. Dabei roch er nach Pastete und Milch.

Aber ganz gewiss nicht nach schlechtem Gewissen.

Ellen Dunne
Das rote Phantom

Ein Prachtkater von Natur, wurde Klaus nicht nur für sein hermelindickes, rotes Fell bewundert. Auch seine Schläue war berüchtigt, und sein Killerinstinkt legendär. Beides hatte er sich in jungen Jahren in den dunklen, zugigen Gassen der Dubliner Innenstadt erworben. Außerdem im Antiquariat, in dem er besonders kalte Nächte oft heimlich verbrachte, zwischen Stapeln alter Taschenkrimis.

Nur seine verdammte Schwäche für Thunfisch aus der Dose war sein Verhängnis. Seine Leidenschaft endete in einer Falle der freiwilligen Norddubliner Katzenrettung und kostete ihn in weiterer Folge seine ziemlich beeindruckenden Kronjuwelen, führte Klaus aber andererseits zur Erkenntnis, dass ihm ein voller Bauch und ein Platz vor einem offenen Kamin durchaus zusagten.

Es folgte eine Prozession von willigen Bewerbern jeglicher Couleur, die bei der Katzenrettung vorbeikamen und Klaus einen entsprechenden Lebensstandard anzubieten versprachen. Die meisten von ihnen bekamen seine Krallen recht schnell zu spüren. Kein Gefühl für Distanz, diese Leute! Schließlich entschied er sich für die kleine Dora mit den großen grauen Augen. Ihre Finger rochen unglaublich gut nach Sahnebutter, und beim gegenseitigen Kennenlernen zeigte sie den nötigen Respekt.

Für Dora machte Klaus eine Menge Ausnahmen, wenn es um seine Regeln und Würde ging. Schlief jede Nacht mit ihr im Bett, fuhr im Korb ihres Kinderfahrrades mit spazieren, schleckte ihr die Sahnebutter von den Fingern und ließ sich zu besonderen Anlässen sogar lächerliche Hütchen aufsetzen. Wenn es Dora glücklich machte ...

Am Anfang legte er ihr sogar die Früchte seiner nächtlichen Patrouillen durch sein Revier vors Bett. Aber Dora war angesichts von Klaus' Liebesgaben in Tränen ausgebrochen und hatte ihn ermahnt, das nie wieder zu tun. Die armen Mäuschen! Die bedauernswerten Rotkehlchen! Die zerbrechlichen Schmetterlinge! Böser Klaus! Danach hatte er seine Arbeit im Schutz der Nacht erledigt und die Überreste bei Bedarf in den Schuhen von Doras Eltern deponiert. Meist verschwanden sie, noch bevor Dora aufwachte. Die perfekte Lösung.

Eindringlinge, die sich seinem Revier tagsüber näherten, hatte er gut im Griff. Egal ob mit Kappen, Umhängetaschen, auf dem Fahrrad oder mit dem Lieferauto: Er kannte sie alle, und wen er noch nicht kannte, dem stellte er sich umgehend vor. Inzwischen musste er nicht einmal seine Aussichtsplattform auf dem Fenstersims gleich neben dem Eingang verlassen, damit sie sich sputeten mit ihrer Arbeit. Nur die Unbelehrbaren, die weiterhin jeden Morgen ihren Müll durch den Schlitz in der Tür stopften und die Finger nicht rechtzeitig zurückzogen, bekamen seinen Unmut öfter als einmal zu spüren. Aber einer musste schließlich diesen Tunichtguten die Grenzen aufzeigen.

Nur das *rote Phantom* stellte Klaus vor ein Rätsel. Seit Jahren tauchte dieser Agent des Chaos eines Nachts im Winter aus dem Nichts auf, drang auf unergründlichen Wegen ins Haus ein und hinterließ ungefragt bunt verpackte Kartons im Wohnzimmer. Deren Inhalt stürzte dann am nächsten Tag das gesamte Haus regelmäßig in die unerträglich laute Anarchie.

Das Phantom war offenbar kein Unbekannter: Dora hatte es Klaus einmal in einem dieser Verbrecher-Alben gezeigt, mit denen sie ihre Eltern jeden Abend vor dem Einschlafen warnten: ein dicker, alter feixender Mann im roten Anzug und mit einem wattigen Bart, umgeben von bunten Kartons, wie sie sich immer auch hier im Wohnzimmer stapelten.

Dora war dann nicht mehr sie selbst. Wie aufgezogen lief sie den ganzen Tag im Haus umher und vergaß ganz ihren Klaus. Oder sie fand diese unheimlichen ausgestopften Tiere in den Kartons, mit denen sich Klaus dann seinen Platz im Bett teilen musste. Eine eindeutige Warnung. Auch Doras Eltern machten in den Tagen eine verstörende Persönlichkeitsveränderung durch. Entweder sagten sie ständig *Oooh* und *Aaaah*, oder sie stritten sich so oft und laut wie noch nie. Vom für all das verantwortlichen Phantom selbst fehlte jede Spur.

Zugegeben, nicht alles an den Umtrieben des Phantoms war schlecht. Waren die Kartons einmal leer, erregten sie durchaus Klaus' Interesse, genauso wie die Berge an raschelndem Papier und die Bündel von Schnüren, die es darunter zu erbeuten gab.

Andererseits. Auch den Hund hatte es zu verantworten. Eine dicke Schleife um den Hals, hatte Dora dieses sabbernd laute Verbrechen vor fünf Jahren aus einem der Kartons gehoben.

Klaus hatte außerdem den dringenden Verdacht, dass das Phantom hinter einem weiteren subversiven Mitbewohner steckte: *Jake*. Ein haarloses, fremdartig riechendes Kätzchen, das eines Wintertages ebenfalls einfach da war. Und zu Klaus' Schrecken einfach blieb. Seinen Schlummer unterbrach *Jake* nur, um nach Futter oder ohne Grund wie am Spieß zu schreien, Tag und Nacht. Mit der Zeit schlief er weniger und schrie lauter. Dann lernte er laufen und alles wurde noch schlimmer. Ständig hatte er Klaus verfolgt, mit beiden Händen in sein Fell gefasst, seine Ohren umgeklappt und sogar einmal versucht seine Schwanzspitze zu essen. Dora hätte so etwas nie getan! Als Klaus diesem Treiben schließlich einen Riegel vorgeschoben hatte, war *Jake* heulend zu Doras Eltern petzen gelaufen. Dabei waren die Krallen nicht einmal zum Einsatz gekommen. Weichei.

Auch Dora beklagte *Jakes* Anwesenheit mehr als einmal. Der Hund hingegen schien sie weniger zu stören. Zumindest schlief er nicht im Bett, sondern im Wohnzimmer.

Gegen das Phantom richtete er wie zu erwarten nichts aus, denn seine Schnauze war eindeutig größer geraten als sein Hirn. Eine einzige sinnvolle Aufgabe, und schon versagte er. Vielleicht war der Hund aber auch ein eingeschleuster Komplize. Zunächst eine durchaus plausible Theorie. Für ein bisschen essbaren Bakschisch aus der Manteltasche buckelte er ja schon für die täglichen Eindringlinge, wedelte und leckte ihnen die Hände. Für mehr, zu dem Schluss kam Klaus schließlich, war dieser Hofnarr nicht zu gebrauchen. Nein, Klaus würde in dem Fall weiter ermitteln müssen.

Kaum wurden die Tage kälter, spitzte er sowohl Ohren als auch Krallen. Behielt Doras Eltern und ihre verdächtigen Machenschaften im Auge. Inspizierte und beschnupperte eingehend das Geäst des Baumes, den sie jedes Jahr vom Dachboden holten und im

Wohnzimmer vor dem Kamin aufbauten. Kam zum Schluss: es war gar kein Baum. Es war eine Art Leuchtsignal, um das rote Phantom anzulocken. Zwar gelang es immer wieder, einzelne Leuchtkugeln zu deaktivieren. Einmal hatte er diesen blinkenden Hochstapler sogar mit einem beherzten Sprung zu Fall gebracht, doch außer einem Lachanfall von Dora und grobem Ärger mit Doras Eltern hatte die Aktion wenig gebracht.

Der Baum blieb, und Klaus musste seine Taktik ändern. So verlegte er seinen Schlafplatz in jenen Wochen von Doras warmem Bett ins Wohnzimmer, auf die Couch, mit direktem Blick auf den Baum. Denn, alte Straßenkater-Weisheit: Der Täter kehrt stets an den Tatort zurück, wie an die Mülltonnen des besten Innenstadt-Restaurants

Doch das Phantom war und blieb ihm einen Schritt voraus. Immer wieder entging es Klaus' nimmermüden Ohren und er erwachte in einem Meer von Paketen, terrorisiert von infernalischem Geschrei.

Zwar hatte der Hund geschworen, er habe eine Gestalt in einer roten Robe den Kamin hinauf verschwinden sehen. Aber wie es mit unzuverlässigen Zeugenaussagen so war, ließ sich dieser Verdacht nicht erhärten. Das rote Phantom blieb flüchtig und lud jedes Jahr mehr Kartons im Wohnzimmer ab. Mehr Chaos. Weniger Platz in Doras Bett.

Klaus begann zu befürchten, seine Nemesis vielleicht nie stellen zu können. Dann kam ihm ausgerechnet seine Verdauung zur Hilfe.

Ein etwas zu üppig geratenes Abendessen hielt ihn wach, und er machte einen Rundgang mit Zwischenstopp auf der Toilette.

Er hatte sein Geschäft kaum verrichtet, da hörte er es im Haus scharren. Nicht das Huschen der Mäuse auf dem Dachboden oder das Kratzen von Elsternkrallen auf den Regenrinnen. Auch kein Schleifen von – Gott bewahre! – Rattenschwänzen über den Terrassenboden. Dieses Geräusch wog schwerer. Als hätte sich etwas Großes auf das Haus gesetzt wie eine Henne aufs Nest. Ginge dort auf und ab.

Klaus' Schnurrhaare erzitterten. Kitzelten seinen Jagdinstinkt wach. Diesmal würde ihm das Phantom nicht durch die Lappen gehen. Die Ohren eng an den Kopf gelegt, spähte er um die Ecke in den Flur. Nichts, bis auf die Kerze, die in den Tagen vor der Ankunft des Phantoms immer auf einem Tischchen brannte. Er schlich die Treppen hinauf in den ersten Stock, checkte, dass in den Schlafzimmern alles okay war. Dora schlief tief und regungslos. Auch *Jake* war endlich einmal still. Bei den Eltern schnarchte wie immer jemand, und eine Reihe Zehen lugte unter der Bettdecke und über den Rand des Bettes hervor. Der große zuckte verführerisch.

Jag mich doch!

Klaus riss sich von dem Anblick los. Konzentration! Alles konnte ein Ablenkungsmanöver des Phantoms sein, und darauf fiel er nicht rein. Den Bauch dicht am Boden, arbeitete sich weiter vor ans Ende des Flurs und unter die Falltür, über die man in den Dachboden gelangte. Fest verschlossen.

Wieder ein Scharren, und danach ein Stampfen. Aber es kam nicht vom Dachboden, sondern von weiter oben. Dachziegel. Die Möwen zankten sich da oben oft um den Inhalt ihrer gestohlenen Chips-Tüten. Aber doch nicht mitten in der Nacht. Kam das Phantom also ...? Könnte der Hund etwa doch ...? Unmöglich.

Die Pupillen geweitet bis zum Rand, kehrte Klaus zurück an die Treppe. Schnupperte und lauschte. Nichts. Oder doch? Ein weiches Kratzen, das mitten aus den Eingeweiden des Hauses kam. Die Kerze auf ihrem schmalen Tischchen neben dem Treppenabsatz flackerte unruhig. Ein leiser Luftzug, der sie in Unruhe brachte und jetzt Klaus' Schnurrhaare erreichte. Sonst passierte das nur, wenn es stürmte und der Wind durch den offenen Kamin ...

Also doch! Er nahm die Treppe nach unten in nur wenigen Sätzen. Hinein ins Esszimmer und weiter ins Wohnzimmer. Vorbei am Bett des Hundes, über dessen Rand eine lange braune Schnauze und eine Schwanzspitze schauten, die im Traum wedelte.

Das große Familiensofa stand direkt vor dem offenen Kamin und verdeckte die Sicht. Dahinter knisterte und raschelte es. Klaus ging unter dem Sofa in Deckung, schob sich nach vorne. Da hatte er schon die Bescherung: bunte Kartons, überall, wo zuvor nichts gewesen war. Sie stapelten sich rund um den Baum, quollen aus den Socken, die über dem Kamin hingen, flankierten den Kamin. Wie hatte das Phantom das nur wieder gemacht? Er hatte seinen Beobachtungsposten nur ein paar Minuten verlassen.

Und – er traute seinen Augen nicht – da hing ein roter langer Umhang aus dem Kamin. Mit weißem Nerzrand, so wie in Doras Buch. Er baumelte knapp über dem Häufchen an Ascheresten darin, zog sich aber rasch nach oben in den Kamin zurück. Das Phantom gedachte sich aus dem Staub zu machen. Aber nicht mit Klaus.

Er schlüpfte unter dem Sofa hervor, nahm Anlauf und verkrallte sich im weichen Mantelstoff. Nach oben und immer weiter oben zog das Phantom ihn mit sich, scheinbar mühelos. Klaus' Widersacher war erstaunlich fit für sein Alter.

Immer weiter wich die häusliche Wärme zurück, immer enger wurde der Kanal, durch den das Phantom seinen blinden Passagier schleuste. Bis sie oben am Dach angekommen waren und Klaus absprang, klebte überall der Ruß an ihm.

Es blieb keine Zeit, um sich darum zu kümmern. Zu unglaublich der Anblick, der oben auf ihn wartete. Das Phantom war nicht allein. Natürlich nicht. Es hatte Fluchthelfer, eine ganze Herde davon! Solche Tiere hatte er schon einmal auf seinen Futterdosen gesehen. Jetzt standen sie leibhaftig vor ihm und schnaubten Wölkchen in die Nachtluft. Funkelten ihn an aus ihren leblosen Augen, blau wie das Mondlicht auf der irischen See. Wenn sie wussten, mit wie vielen ihrer Spießgesellen er über die Jahre schon kurzen Prozess gemacht hatte, ließen sie sich ihre Angst zumindest nicht anmerken. Er schluckte seinen aufkommenden Appetit nach unten.

»Gefallen sie dir, Klaus?«, fragte das rote Phantom.

Klaus' große Stunde. Jahrelang hatte er sich diese Begegnung ausgemalt. Seinen ersten Satz. *Das Spiel ist aus!*, oder *Niemand verlässt dieses Dach!*. Und jetzt?

»Ich dachte, du wärst ein Mann. Und alt.«

Das Phantom lächelte sich ein Netz von Fältchen um die listigen Augen. »Man sollte nicht immer alles glauben, was in alten Geschichten behauptet wird.« Mit geübtem Griff zurrte das Phantom die Plane fest, unter dem weitere bunte Kartons hervorblitzten, massierte einem Rentier das Ohr, schob einem anderen eine Karotte zwischen die Kiefer und stieg auf das Fluchtfahrzeug. Ein Ruck ging durch das Gespann.

Egal, wie liebenswürdig es sich gab – jemand musste das Phantom und seine Gang aufhalten, bevor sie ihr Chaos noch weiter verbreiteten. Wer, wenn nicht Klaus?

»Halt! Nicht so schnell!« Er versperrte dem Gespann den Weg. Der vorderste Fluchthelfer senkte seinen massiven Schädel, um zu sehen, was ihm da vor die Hufe geraten war, da sprang Klaus ihm ins Geweih und von dort weiter auf den Rücken, balancierte über das Halfter zum nächsten und zum nächsten. Hockte sich auf das warme, breite Hinterteil des letzten Tieres, adjustierte sorgfältig seinen Schwanz um sich herum und sah dem Phantom direkt in die Augen.

»Zuerst will ich Antworten.«

»Ach?« Das Phantom zog die Zügel an, lehnte sich nach vorn und betrachtete Klaus näher. »Auf welche Fragen denn?«

»Wer sind die Hintermänner dieser Operation?«

»Hintermänner?« Das Phantom verschränkte beleidigt die Arme. »Sorry, aber welcher Mann würde so ein Ding auf die Reihe kriegen? Alle Wünsche erfüllt? Alles verpackt? Alles zeitgerecht geliefert?«

Ganz schön frech für jemanden, der gerade aufgeflogen war, fand Klaus. Andererseits. Das Phantom hatte nicht ganz unrecht. Wieder andererseits ...

»Was ist mit Falschlieferungen? Kann man die zurückgeben?«

Eine Augenbraue des Phantoms hob sich. Offenbar hielt es das hier noch immer für ein Spiel.

»Tut mir leid Klaus, Rückgaberecht gibt es keins.«

»Umtausch?«

»Nope.«

»Schadenersatz?«

Das Lachen des Phantoms schallte über die Dächer der Nachbarschaft. Aber niemand nahm Notiz. Alle Fenster blieben dunkel.

»Für wen hältst du mich?«

»Aber zumindest den Hund ...«

»Den hat sich Dora doch gewünscht.«

»Auf diese durchsichtigen Lügen falle ich nicht rein«, konterte Klaus. Doch war er jetzt verunsichert. Dora schien den Hund erstaunlich gut zu ertragen. Verschwand sogar manchmal gemeinsam mit ihm aus dem Haus. Der Hund sah danach immer verdächtig glücklich aus, und Dora auch. Oder bildete er sich das nur ein? Oder sollten ihn die Falschaussagen vom Kurs abbringen?

Das rote Phantom holte eine Thermoskanne mit Tee aus einer Tasche neben sich und brachte eine durchsichtige Plastiktüte mit einer Sammlung verschiedener Kekse zum Vorschein. Bot Klaus einen an. Hmmm, Shortbread mit echter Butter.

Aber er beherrschte sich.

»Korruption ist was für Hunde.«

Das Phantom lächelte wieder. Bezaubernd. Nein. Ausgefuchst.

»Du willst doch, dass Dora glücklich ist, oder?«

Oh nein, jetzt auch noch seine einzige Schwachstelle. Seine Familie. Seine Dora!

»Ich stelle hier die Fragen.«

Er versuchte sein legendäres Pokerface beizubehalten, doch so sehr er dagegen ankämpfte – sobald Doras Name fiel, verengten sich seine Augen zu einem verliebten Blinzeln. Ein Reflex, nicht aufzuhalten. Und das Phantom nutzte es gnadenlos aus.

»Wenn Dora glücklich mit dem Hund ist, dann kannst du dich vielleicht auch mit ihm anfreunden«, schlug es vor und schlürfte an seinem Tee, wischte sich die Keksreste aus dem Schoß. »Er mag dich nämlich sehr.«

Nur ein weiterer Beweis für seine Dummheit. Aber um diesen Fisch zu braten, war Klaus nicht hier.

»Was ist mit diesem Jake? Den hat sich Dora nicht gewünscht.«

»Also, für alles kannst du mir auch nicht die Schuld geben.« Das Phantom zuckte die Achseln. »Für Jake sind Doras Eltern verantwortlich.«

Er hätte es wissen müssen. Schon allein wegen der als Baum getarnten Signalleuchte. Doras Eltern steckten mit drin in der Sache. Bis zum Hals.

»Aber keine Sorge. Jake wächst noch. Und in ein paar Jahren gibt der kaum noch ein Wort von sich, du wirst sehen.«

»Sicher?«

»Versprochen.«

Diesmal log das Phantom nicht. Klaus' untrüglicher Instinkt sagte es ihm. Das beruhigte ihn ein bisschen.

»Apropos wachsen. Dora lässt mir immer weniger Platz im Bett.«

»Das ist kein Wunsch, sondern eine Beschwerde. Für sowas bin ich nicht zuständig.« Das Phantom schlürfte seinen Tee zu Ende, packte ihn weg. Unter Klaus begann es zu vibrieren. Unruhe wuchs im Gespann. Schnauben. Scharren. Aufbruchstimmung.

»Jetzt sei nicht beleidigt, Klaus. Dora wird eben langsam erwachsen. Eines Tages wird sie vielleicht überhaupt woanders übernachten. Besser, du genießt die Zeit mit ihr, anstatt einem Phantom hinterherzujagen.«

»Aber ... aber ...«, wandte Klaus ein. Dieses Verhör lief anders als geplant. »Warum kann nicht alles so bleiben, wie es war? So war es doch immer gut.«

»*Nichts* bleibt, wie es war.« Das Phantom lachte noch einmal, überraschend warm und irgendwie tröstlich. »Davon kann sogar der alte Weihnachtsmann ein Liedchen singen.«

Dann nahm es die Hand aus dem dicken Fellhandschuh und streckte sie nach Klaus aus. Noch bevor er reagieren konnte, waren ihre Finger unter seinem Kinn. Kraulten ihn genau da, wo es am besten tat, oooh jaaaa, und dann noch ein bisschen hinten am Schwanzansatz, hmmm, und er konnte nicht anders, als zu schnurren. Dann zog sie zu allem Übel noch ein Stückchen Thunfisch aus dem Ärmel. Sein liebster, noch dazu gefriergetrocknet. Dann noch eins, und drei weitere warf sie aufs Dach. Er nichts wie hinterher, doch kaum war er am Dach gelandet, wurde ihm klar: Er war dem Phantom auf den Leim gegangen. Ausgerechnet mit Thunfisch. Der älteste Trick der Welt!

Als er sich anschickte, sich zurück auf das Fluchtgefährt zu stürzen, war es zu spät. Es hatte schon den Boden unter den Hufen verloren.

»Mach's gut, Klaus. War schön, dich kennenzulernen.«

Das rote Phantom winkte ihm noch einmal entspannt von oben zu. Diesmal hatte es gewonnen und wusste es. Dann nahm das Gespann Kurs über die Dächer weiter hinaus in Richtung Meer, das wie Glas in der Dublin Bay lag.

Klaus sah ihnen hinterher, bis sie zwischen den Sternen verschwunden waren. Verschlang dann seinen Thunfisch, hüpfte vom Dach auf die Garage, von der Garage auf die Gartenmauer, von der Gartenmauer ins Rosenbeet und weiter durch die Katzenklappe ins Haus. Zog seine erdigen Spuren durchs Vorzimmer, über die Treppe hinauf und über den cremefarbigen Teppich, hinein in Doras Zimmer.

Er kuschelte sich an sie, beschnupperte ihre Haare.

Sie rümpfte die Nase im Halbschlaf.

»Klaus, du riechst nach Kamin«, murmelte sie, legte ihren sahnebuttrigen Arm aber trotzdem um ihn wie immer und drückte ihre Nase in sein Nackenfell. Dann driftete sie zurück in ihre Träume. Unschuldige Träume vom roten Phantom, das so ganz anders war als in ihren Büchern. Schlauer, bezaubernder, skrupelloser. Kopf einer ganzen Bande, sogar mit zwei Maulwürfen in diesem Haus. Besser, er behielt diese Erkenntnis für sich. Sie würde Dora bloß unnötig beunruhigen.

Aber eines Tages würde Klaus die ganze Bande dingfest machen. Spätestens im nächsten Jahr.

Tanja Dückers
Wenn die Lichter angehen

Wenn überall die Lichter angehen, wenn es früh dunkel wird, glitzert und funkelt, beginnt die gefährliche Jahreszeit. Dann muss ich aufpassen.

Die Familie letzte Woche war eine Katastrophe. Zum Glück sind die nicht noch mal gekommen. Nicht, dass wieder so etwas passiert wie letztes Jahr. Vielleicht geht ja in diesem Dezember der Kelch an mir vorüber. Anders als die meisten meiner Freundinnen fühle ich mich nämlich gar nicht so unwohl hier und würde lieber bleiben als ...

Zu früh gefreut.

Schwere Schritte nähern sich, die Gummistiefel von Fred – flatsch, flatsch, flatsch.

»Ick bin ja schon dabei, sachte ... sachte, alle Mann.« Auch Fred scheint von den vielen Menschen genervt zu sein.

Hektische Kinderstimmen, unruhige Hände, flatternde Gesten, große Augen.

Schnell einen Buckel machen, mich abwenden, knurren wie der Dobermann aus Haus A.

»Und, Ella, wie findest du die süße Kleine dahinten, mit dem weißen Latz?«, das ist die mit Getöse heraneilende Mutter. Rosafarbene Fellmütze, passende Handschuhe, Glitzerborte, pinker Lippenstift. Ich wittere große Gefahr.

»Ooooh, die ist sooo süß! Mit den weißen Pfötchen!«

Mist, hätte ich das vorher gewusst, wäre ich vorhin noch mal auf der Wiese vor unserem Haus durch die Pfütze gelaufen. Pflege findet abends meist nicht mehr statt. Mit graubraunen Matschepampepfoten hätten die mich jetzt gesehen.

»Ja, die ist wirklich sooo süß!«

Zwei Kinder, zwei Nervensägen. Je mehr Kinder in einer Familie, desto schlimmer. So zumindest meine bisherigen Erfahrungen.

Jedes Jahr vor Weihnachten ist hier die Hölle los. Lauter Eltern, die es besser wissen sollten, kommen mit ihrem gesamten Anhang hier an, um uns unter die Lupe zu nehmen.

Natürlich begreifen wir nicht jedes Wort, aber so im Großen und Ganzen verstehen wir die langen Nackten, die jeden Abend ihr Fell ablegen, um am nächsten Tag ein neues anzuziehen (die Armen!), schon. Andersherum hapert es jedoch ziemlich mit dem Verständnis, wie mir auch Jelli, Shelly, Princess, Quickie und Mica immer wieder bestätigt haben – das sind meine Freundinnen.

Eine von ihnen war, wie ich, schon mehrfach unterm Weihnachtsbaum, und, zack, nach drei Wochen retour. »Hi Jelli, was machst DU denn wieder hier?«

Es ist immer das Gleiche. Man landet mit Schleife unterm Baum, wird drei Tage bestaunt, Silvester muss man grauenhaft laute Musik und Getöse ertragen, und die Menschen haben aus irgendeinem Grund mehr Durst als an anderen Tagen. Sie leeren ein Glas nach dem anderen und werden plötzlich noch seltsamer und unberechenbarer als sonst. Am nächsten Tag reden sie wirres Zeug, faseln etwas von »Katerstimmung«, aber es ist nicht Katzenstimmung, im Gegenteil: Sie schlafen lange, schnarchen laut, vergessen, einem Futter und Wasser zu geben – und danach, im Januar, geht es dann mit der guten Pflege weiter abwärts.

Letztes Mal war ich so genervt, dass ich mich unmöglich aufgeführt hatte. Ich wollte einfach lieber wieder bei meinen Freundinnen in Haus B und auf unserer Wiese sein, als länger bei Familie Pettenkopff im vierten Stock, Altbau, mit Büchern, Strickzeug und Langeweile bleiben. Als ich zurückkam, hatte ich geschlagene drei Wochen nichts anderes als diese blöde Wohnung gesehen, in der ich nichts machen durfte als an einem Kratzbaum – ja, was wohl – kratzen. Und, nicht zu vergessen, ich durfte auf den Schößen von Laila, Lena und Luise, den drei langhaarigen, langatmigen, nun ja langweiligen Töchtern der Familie Pettenkopff herumsitzen, während sie endlos mit Freundinnen – oder untereinander, im selben Zimmer sitzend – chatteten. Da ist man eine junge mutige Katze, möchte raus und die Welt entdecken, stattdessen soll man nur auf Schößen rumsitzen, Wärme spenden und beruhigend schnurren. Wenn Menschen unbedingt eine Katze wollen, haben sie meist Probleme und benötigen Liebe, Beruhigung, Frieden – dafür ist man dann Tag und Nacht zuständig. Anderen erzählen sie aber, sie hätten ein »armes Tier« aus dem Heim gerettet. Wer rettet hier wen, würde ich da gern mal zurückfragen.

»Ella, wäre nicht vielleicht doch die süße Schildkröte in Haus F etwas für dich?«, fragt die Mutter in der weißen Wolljacke, mit der sie wie ein Schaf aussieht, ihre Tochter. O Mann, die haben sich ja super auf diesen Tierheimbesuch vorbereitet. Vielleicht nehmen sie am Ende einen Ara! In Haus G gibt es welche, die sind ganz lustig, wir haben uns mal ein Wortgefecht geliefert.

»Huäääh, ich will keine Schildkröte, ich will keine Katze, ich will einen Tiger!«, schreit jetzt der kleine Junge an der Hand seiner Schaf-Mutter. Sie überbehütet ihn bestimmt, so wie sie aussieht, klar, dass er sich mal etwas Wildes wünscht.

»Oskar, das geht nicht, das ist ein Wildtier.«

»Ich will aber einen Tiger!«

Am liebsten würde ich ihr sagen: Lassen Sie Ihren Sohn einmal am Tag ein Wildtier sein. Dann braucht er sich keines zu wünschen.

»Eine Katze ist doch ... ein kleiner Tiger!«, fällt der Mutter jetzt schwachsinnigerweise ein. Ich sage ja: nicht vorbereitet. Der Vater ist, kaum wurde Sohnemann laut, schnell raus zur Tür. Jetzt kommt er wieder, und ich rieche, dass er draußen geraucht hat. Eine typische Familie also. Papa verschwindet, wenn's Stress gibt. Bei denen hätte ich keinen Spaß, da würde die Mutter abends heulend durch mein Fell streichen und furchtbar viel Aufmerksamkeit von mir erwarten. Und mich zudem überfüttern, aus gaaanz viel Liebe.

Da bleibe ich doch lieber bei Jelli ... ich mag die ganze Mädelsbande, mit Princess und Quickie kann ich tollen Schabernack treiben, aber Jelli und ich sind die dicksten Freundinnen. Wir sind beide schon zweimal wieder hier gelandet. Natürlich immer im Januar.

O nein. Noch eine Familie. Die tragen Weihnachtspullover! Mit aufgestickten Elchen, Tannenzweigen, Glöckchen, Nüssen – und das alles mit Goldfaden! Das ist ja das Allerletzte. Nee, zu Leuten mit solch einem Geschmack möchte ich auf gar keinen Fall. Am Ende ziehen die mir auch so ein Strickteil an, mit dem ich dann schwitzend unterm Baum schnurren muss. Bitte nicht! Alles schon erlebt.

Okay, die finden mich uninteressant, die haben es auf die schneeweiße Katze mit dem seidigen Fell abgesehen, die erst vorgestern zu uns kam. Völlig verschüchtert, die Kleine, armes Ding. Aber sehr flauschig. Jetzt muss Fred sie für die Weihnachtsfamilie herausholen. Schlimm, wenn Leute sich so schnell entscheiden. So unüberlegt! Und genauso schnell entscheiden sie sich dann wieder gegen uns.

O nein, die Eisentür vorn geht noch mal auf. Ich dachte schon, das wär's für heute gewesen. Muss das sein? So viel Trubel. Kein Wunder, wir schreiben den 20. Dezember.

Wieder eine Familie, zwei Kinder, Regenjacken, Wanderschuhe. Wenigstens kein Weihnachtslook. Die vier tappen heran. Die Kinder scheinen nicht ganz so aufgedreht zu sein wie die aus der Familie, die gerade abzogen ist. Jetzt steht Familie Nr. 3 für heute vor unserem Revier.

»Luca, Juno, geht nicht so nahe heran, dann erschrecken sich die Tiere«, mahnt der Vater. Aha, ein Vater, der sich auch mal einbringt. Pluspunkt. Die Kinder weichen zurück. Erstaunlich, dass mal jemand auf uns Rücksicht nimmt.

Die Eltern sind vielleicht um die vierzig, der Mann trägt Bart, die Frau einen langen Pferdeschwanz, kein Schickimicki-Look, der auf ein langweiliges Leben in Designerwohnungen hinweist, freundliche Gesichter. Aber das soll nichts heißen. Ich bin schon auf scheinbar nette Leute hereingefallen. Besonders wenn sie in aufgeräumter Weihnachtsstimmung sind.

»Mama, die hier vorn finde ich süß.« Nicht doch, der kleine Junge meint Jelli.

»Papa, ich finde aber DIE hier süß«, sagt da das Mädchen und zeigt auf mich.

Jelli und ich sehen uns an. Ein Blick genügt. Wir rücken dicht aneinander, noch dichter, wir kuscheln.

»Mama, das sind Geschwister! Ich sehe das!«

Das Mädchen – Juno – hat Jeans und einen blauen Anorak an, roter Schal. Sieht aus, als würde es auch mal draußen mit einem spielen und nicht erwarten, dass man nur Mohairdecke auf ihrem Schoß ist. Juno hat etwas Spitzbübisches, Lustiges.

»Juno, was möchtest du damit sagen?«

»Mama, wir können die nicht trennen.«

Die Mutter sagt eine ganze Weile nichts. Sie denkt offensichtlich nach, und sie beobachtet uns.

»Zusammen haben die doch viel mehr Spaß ... als allein. Die beiden können dann im Garten spielen«, Juno lässt nicht locker.

Jelli und ich drücken uns noch fester aneinander, dann legen wir den Kopf zur Seite, um besonders süß auszusehen. Bittend. Wenn die Menschen uns doch bloß verstehen können und nicht nur wir sie ...

Die Mutter guckt einfach nur.

»Juno hat recht«, sagt sie dann.

»Also, ich könnte mir das vom Prinzip schon vorstellen ... ob nun eine oder zwei Katzen ...«, fährt sie fort.

»Robert, was meinst du, schaffen wir das ... mit zwei Haustieren?«

»Hm«, murmelt der Bartmensch. Das Hm ist ganz schön lang, fast wie ein Mäuseschwanz, am Ende hin wird es nach oben gezogen. Er hat freundliche braune Augen.

Jelli und ich halten den Atem an.

Flatsch, flatsch, flatsch.

Fred packt uns beide am Schlafittchen, wir kennen das schon, er ist weder grob noch zärtlich, einfach nur der praktische Fred-Griff. Fred setzt uns auf den Gang ab. »Da sind se, die beeden Kleenen.«

Erst mal passiert gar nichts. Der Moment dehnt sich wie ein runder Katzenrücken. Katzen gucken Menschen an, Menschen gucken Katzen an. Ganz vorsichtig wandern vier Kinderhände auf uns zu. Scheu und sanft. Diese kleinen Hände nehmen erst Jelli, dann mich jeweils auf den Arm.

»Sind d-i-e schön ...«

So ein Gesäusel macht mich ja immer skeptisch.

»Na, dann hoff ick mal, dass die Ihnen ooch noch nach Weihnachten jefalln«, brummt Fred. Recht hat er.

»Die Kätzchen sind kein Weihnachtsgeschenk«,

vernehme ich da zu meiner Verwunderung. Der Bart hat gesprochen.

»Die Kinder wünschen sich schon so lange eine Katze ... also, äh, zwei Katzen. Wir sind gerade umgezogen und haben jetzt einen Garten. Das passt einfach mit den Weihnachtsferien zum Eingewöhnen und so.«

Wir werden durch den langen Gang nach draußen getragen, noch einmal der Blick zurück in unser altes Zuhause, ein langes Miiiiaaaauuu hin zu Shelly, Princess, Quickie und Mica. Ich bin auf Junos Arm, Jelli auf Lucas. Die Hand des Mädchens liegt ruhig auf meinem Rücken. Meist muss ich ja Kinder beruhigen, aber von dieser kleinen Hand geht ... tja, vielleicht sogar Geborgenheit aus.

Ich gucke rasch rüber zu Jelli. Ihre Augen sind schmal, ein Zeichen dafür, dass sie sich wohlfühlt. Wir blinzeln uns an.

Hinter uns strahlt und funkelt die Stadt, hell und schön.

Tatjana Kruse
La Bella Marina

»MARINA! Maaaaaariiiiiiinaaaaaa!«

Nichts. Kein Miau. Kein Maunz. Marina blieb verschwunden.

Es gab in meinem Leben drei Katzen, die mich geprägt haben: unser Familien- und Gasthauskater Peterle, die verstorbene, aber spukende Katze namens Murmel meiner besten Freundin und die getigerte Marina der Schäpperles von gegenüber.

Herr und Frau Schäpperle führten den Papierwarenladen in der Marktstraße und verkauften dort unter anderem auch die von mir heiß geliebten Comic-Heftchen. Während meine Mutter als Alleinerziehende die *Goldene Traube* managte, saß ich stundenlang im Laden der Schäpperles neben dem Ständer mit den bunten Heftchen und las mich querbeet durch – von *Asterix und Obelix* bis hin zu *Fix und Foxy*. In der Weihnachtszeit tat ich das besonders gern, weil dann ein Räuchermännchen aus dem Erzgebirge neben dem Drehständer mit den Comics ununterbrochen weihnachtlichen Weihrauchduft verbreitete. Mittlerweile kennt man die psychoaktive Wirkung von Weihrauch – vermutlich war ich also als Kind ständig auf Droge. Wie auch immer, ich liebte die Schäpperles, und die kinderlosen Schäpperles ihrerseits hatten einen Narren an mir gefressen.

Nicht so Marina.

Sie war getigert und moppelig und meist schlecht gelaunt.

Ich war alles andere als eine Freundin von Marina. Sie mochte mich nicht. Sie mochte überhaupt keine Menschen. Den Laden der Schäpperles betrachtete sie als ihr höchstpersönliches Revier, und da galt jeder, der nicht zur Familie gehörte, als Eindringling. Einkaufen im Papierwarenladen war noch echtes Abenteuer, denn gar zu gern schlitzte Marina die teuren Strumpfhosen der überwiegend weiblichen Kundschaft auf. Gleich mit Wadenfleisch.

Im Grunde war ich fest davon überzeugt, dass Marina ein Samurai war, den ein böser Zauberer in eine Katze verwandelt hatte. Noch dazu in eine grottenhässliche Feld-, Wald- und Wiesenkatze, nicht in ein so edles, ganzkörperschwarzes Geschöpf wie unseren Kater Peter.

Zu allem Übel war Marina auch noch nach einem damals gängigen Schlager benannt, der eher an eine rassige Italienerin denken ließ als an eine dralle süddeutsche Hauskatze. Frau Schäpperle nannte sie ihre »bella Marina«, was mich regelmäßig zum Kichern brachte. Und weil Katzen Gedanken lesen und Kichergeräusche korrekt interpretieren können, wusste Marina genau, was ich von ihr hielt, weshalb meine Waden und Unterarme bis heute mehrere, von Krallen hinterlassene Barcode-Striche zieren ...

Als ich eines Tages vom Weihnachtsbasteln aus der Schule kam – es wurde schon dunkel –, heftete Herr Schäpperle gerade ein gelbliches Blatt Papier mit dem typischen Geruch nach Matritzendrucker mit Zwecken an die Litfaßsäule an der Ecke.

Vermisst
  Unsere Katze Marina
  Sie mag: Katzenminze, Nickerchen, Mäuse
  Sie hasst: Wenn man mit ihr in einer Dutzi-dutzi-Babystimme spricht, Hunde, Vögel
  Vorsicht: Sie kratzt und beißt
  Wir wollen sie trotzdem wiederhaben. Belohnung garantiert!
  Darunter Adresse und Telefonnummer.

»Marina ist weg?« Bestimmt klang meine Stimme sehr piepsig. Es lag noch kein Schnee, aber es war furchtbar kalt. Sogar ich fror, obwohl ich meine waldgrüne Lieblings-Wollmütze und meinen gefütterten Anorak trug. Erschwerend kam hinzu, dass Marina keine Draußenkatze war. Sie lag ausnahmslos immer im Laden – im Winter neben der Heizung, im Sommer in der Sonne auf der Schaufensterauslage. Damals gab es bei uns in der Innenstadt noch keine Fußgängerzone, es war nicht einmal verkehrsberuhigt – so manche Katze war schon unter einem Auto gelandet. Frau Schäpperle bestand daher auf reiner Indoor-Haltung.

Auch wenn ich Marina nicht mochte, war meine Kinderseele noch rein genug, um ihr helfen zu wollen.

»Willst du sie mit mir zusammen suchen?«, fragte Herr Schäpperle. Er war ein sehr eleganter Herr, trug grundsätzlich Dreiteiler und auf Hochglanz polierte Schuhe. An diesem kalten Wintertag auch einen Kamelhaarmantel und die seinerzeit sehr beliebte Kosakenmütze für Herren.

Ich nickte. Sowas wie Helikoptereltern gab es damals nicht. Wenn ich pünktlich zum Abendessen zu Hause war und keine Kaulquappen oder anderes Getier mitbrachte, interessierte es niemanden, was ich trieb. Gemeinsam mit Herrn Schäpperle machte ich mich also auf die Suche.

»Marina!«

Herr Schäpperle sang im Kirchenchor, seine Stimme tönte professionell und trug weit.

Unsere Kleinstadt lag damals gewissermaßen noch in einem Dornröschenschlaf. Jahre später würden alle Mitschülerinnen aus meiner Klasse am Mädchenlyzeum sofort nach dem Abitur das Weite suchen – bloß weg aus dem biederen Mief. Das war lange vor der Jahrtausendwende, die unseren Ort zu einer pulsierenden Mini-Metropole machte. Aber zu jener Zeit war es ein verschlafenes Provinznest, und jeder kannte jeden.

»Ist Ihnen die Katze entlaufen?«, fragte Herr Rehlein, der gerade einen Tannenzweig mit einem geschnitzten Weihnachtsengel über die Tür seiner Drogerie hängte. Man schmückte, aber dezent.

»Ja. Haben Sie sie gesehen?«

Herr Rehlein schüttelte den Kopf. »Darf ich Ihnen einen kleinen Schluck Glühwein anbieten?«

Herr Schäpperle nickte und bekam einen dampfenden Becher in die Hand gedrückt. Für mich gab es heiße Schokolade.

Diese Gastfreundschaft wurde uns auch bei Schuhmacher Eberding zuteil (noch ein Glühwein für Herrn Schäpperle und einen heißen Apfelsaft für mich), ebenso bei Apotheker Braun (zusätzlich je ein Kräuterbonbon) und bei Fräulein Maschke, der Blumenhändlerin. Ob es der Geist der Weihnacht war oder einfach nur Mitgefühl, sie zeigten sich alle spendierfreudig.

Fröhlich (und im Fall von Herrn Schäpperle beschwingt) schritten wir weiter. Im Grunde konnte die Ausreißerin nur in die Gasse links vom Papierwarenladen gelaufen sein, wo es viele Hinterhöfe gab, die bestimmt verlockend nach Mäusen dufteten. Rechts ging es nämlich in die Haupteinkaufsstraße, und da waren ihr definitiv viel zu viele Menschen.

»Marina!«, rief Herr Schäpperle.

Weit konnte sie eigentlich nicht gekommen sein, mit ihrem dicken Bäuchlein. Und sie war ja auch eher der behäbige Typ.

»Maaaariiiinaaaa!«

Im Laden kam die Katze nie, wenn man sie rief. Jung und unerfahren, wie ich war, ging ich dennoch sehr davon aus, dass sie das umso weniger tun würde, wenn der Duft der Freiheit um ihr Schnäuzchen wehte.

»Marina, Marina, Mariiiinaaaa!« Herr Schäpperle klang zunehmend nach Rocko Graciano. Er wackelte auch ein wenig mit den Hüften. Das musste an der kumulierenden Wirkung der Glühweine liegen. Ich war ein Wirtshauskind, ich kannte mich aus.

Mittlerweile war es dunkel, und trotz der Straßenlampen sah man nicht mehr wirklich viel. Es war auch eisig kalt, aber das machte Herrn Schäpperle und mir nichts, wir waren ja von innen gewärmt.

Wir schauten in jeden Hinterhof und -garten und fragten alle, die uns begegneten: »Haben Sie eine getigerte Katze gesehen?«

Nichts.

Doch dann ...

Ganz am Ende der langgestreckten Gasse befand sich eine übel beleumdete Kneipe, in der sich – so hieß es allenthalben – »nicht als Gesocks« herumtrieb. Wenn meine Mutter und ich daran vorbeikamen, nahm sie mich immer an der Hand und zog mich zügig weiter.

»Da!« Ich zeigte auf die beiden Mülltonnen seitlich neben dem Haus. Auf einer davon – überrandvoll gefüllt mit Abfall jedweder Art – thronte eine getigerte Katze und mampfte Essensreste.

»Na, Gott sei Dank!« Herr Schäpperle atmete erleichtert aus. Die Katze war das ein und alles seiner Frau, gewissermaßen der Kindersatz. Ohne sie hätte er sich nicht nach Hause getraut. »Jetzt geht's heim, du kleine Ausreißerin.« Er wollte die Katze packen, aber die Katze wollte nicht gepackt werden. Ihre Pfote schnellte vor.

Ich hatte Herrn Schäpperle noch nie fluchen hören und würde das auch nie wieder, aber als sich die Krallen zentimetertief in die verwundbare Stelle zwischen Handschuh und Mantelärmel bohrten, da gab er Wörter von sich, die ich allesamt nicht kannte, die aber sehr lautmalerisch klangen. Und in ihrer Aussage eindeutig waren. Ich kicherte.

Marina hätte ja von der Tonne springen und weglaufen können, aber der Abfall schmeckte wohl zu gut.

Herr Schäpperle zog seinen Mantel aus, konzentrierte sich mit gespitzten Lippen, dann warf er ihn blitzschnell über die Katze und packte zu. Marina tobte wie wild in ihrem Mantelgefängnis und miaute gottserbärmlich. Die ersten Fenster gingen auf. Leute schauten besorgt heraus. Wurde da gerade ein Mord begangen? Aber nein, es waren nur Herr Schäpperle und sein Mantel, der plötzlich zum Leben erwacht und Rumba zu tanzen schien. Natürlich obsiegte zu guter Letzt Herr Schäpperle.

Im römischen Triumphzug ging es die Gasse zurück zum Papierwarenladen. Herr Schäpperle war Cäsar, und ich war der Sklave, der ihm den Lorbeerzweig über das Haupt hielt. Bildlich gesprochen. In realiter reichte ich ihm ja nicht mal bis zur Hüfte. Aber wir waren stolz wie Bolle.

»Sie haben Ihre Katze gefunden, wie schön!«, flötete Fräulein Maschke, als wir am Blumenladen vorbeikamen. »Fröhliche, fröhliche Weihnachten!«

Herr Schäpperle und ich nickten ihr wie Wackeldackel zu.

»Bravo!«, rief Schuhmacher Eberding. »Jetzt gibt's ein frohes Fest!«

Allerdings war es ein wenig störend, dass Marina sich so infernalisch gebärdete. Sie maunzte und tobte, und Herr Schäpperle bekam ein paar Mal ihre Krallen zu spüren.

»Danke, dass du mir geholfen hast«, sagte er vor dem Papierwarenladen zu mir.

Seine Frau erspähte uns und eilte heraus. »Gott sei Dank, ihr habt sie gefunden!« Ihre Erleichterung war greifbar. »Kommt herein. Es gibt auch eine Belohnung – heiße Schokolade.« Sie lächelte mir zu und winkte uns in den Laden. Mir stand die heiße Schokolade mittlerweile schon bis zum Haaransatz, aber ich wollte unbedingt die herzergreifende Wiedervereinigung von Katze und Frauchen miterleben.

»Ist sie verletzt?« Frau Schäpperle klang besorgt. Dass ihr Mann aus mehreren Wunden blutete, interessierte sie offenbar nicht so sehr.

»Nein, nur ungnädig. Sie wollte nicht mit nach Hause und hat sich wie toll gebärdet.«

»Mein armer Schatz«, sagte Frau Schäpperle, womit sie wieder die Katze meinte, nicht ihren Gatten.

Sie deutete auf die Verkaufstheke. »Setz sie da ab. Ich will sehen, ob sie auch wirklich in Ordnung ist.«

Herr Schäpperle legte seine kostbare Fracht auf die Theke. Der Mantel, der eben noch zu leben schien, fiel urplötzlich in sich zusammen. Es wurde still. Marina maunzte nicht mehr, rührte sich auch nicht.

»Sie spürt, dass sie jetzt in Sicherheit ist«, gurrte Frau Schäpperle und schlug vorsichtig den Mantel auf. »Wo ist mein kleines Schmusekätzchen, wo ist meine bella Marina?«, gurrte sie dabei.

Und dann war es so weit: große Katzenaugen und lange Schnurrhaare blitzten zwischen den Mantelfalten auf.

Schlagartig wurde es eiskalt im Laden, und das lag nicht daran, dass ein Kunde die Tür geöffnet und nicht wieder geschlossen hätte.

»Was. Ist. Das?«, fragte Frau Schäpperle mit klirrender Stimme.

»Na ... äh ... Marina ...«, stotterte ihr Mann.

»Das ist *nicht* Marina!« Frau Schäpperle schrie es fast. »Du kannst meine Marina nicht von irgendeinem Streuner unterscheiden?!«

Im hellen Licht des Ladens musste ich ihr recht geben – die Katze hier war zwar auch getigert, aber deutlich schmaler als Marina. Und noch dazu ein Kater. Was man am Geruch merkte. Nicht des Tieres selbst, an dem seines Angsturins. Den damit reichlich getränkten Mantel würde Herr Schäpperle entsorgen müssen. Den Gestank bekam man bestimmt nie wieder ganz heraus.

»Öhm ... ich muss jetzt heim«, sagte ich und trat millimeterweise den Rückzug zur Ladentür an. »Meine Mama wartet.«

Die Schäpperles achteten gar nicht auf mich.

Der Kater sprang von der Theke und lief mir hinterher. Nicht bis nach Hause, sondern nur bis nach draußen. Er rieb sich an meiner Wade, orientierte sich kurz, dann eilte er zielstrebig wieder in die Gasse zu den Abfalltonnen.

Marina tauchte zwei Tage später, pünktlich zu Heiligabend, von allein wieder auf. Welcher Teufel sie geritten hatte, ihr wohlig warmes Zuhause zugunsten der eisigen Kälte zu verlassen, blieb ungeklärt.

Die Schäpperles haben sich bald nach Neujahr scheiden lassen und sind fortgezogen, Frau Schäpperle und Marina nach Stuttgart, Herr Schäpperle angeblich sogar ins Ausland. Den Papierwarenladen übernahm ein sehr gemütlicher älterer Herr mit einem Königspudel.

Annette Amrhein
Tannhäuser, der Theaterkater

Durch die geöffnete Tür wirbelten Schneeflocken herein und schaukelten, vom Wind getragen, hin und her. Tannhäusers Pfoten zuckten. Die da! Die würde er fangen, er setzte zum Sprung an ... Aber die vielen Beine und Füße der Theaterbesucher! Wenn ihn nun jemand trat? Da rannte ein Kind herbei und trampelte laut, um den Schnee von den Schuhen zu rütteln – genau neben Tannhäusers rechter Vorderpfote. Nichts wie weg! Er war schon so viele Jahre der Theaterkater hier, eigentlich kannte er all das, es hätte ihn nicht aufregen sollen. Aber er wurde eben alt. Zu laute Geräusche, zu viele Bewegungen, besonders in der Adventszeit, wenn die Weihnachtsmärchen auf dem Spielplan standen und die Kinder mit ihren Eltern hereinströmten. Tannhäuser verkroch sich im Seitengang, der zur Küche führte, hier war es ruhig und dunkel. Sein schwarzes Fell verschwand einfach in dem finsteren Schlauch, niemand sah ihn. Er spürte den glatten, glänzenden Boden unter den Pfoten und musste aufpassen, nicht wegzurutschen. Noch war hier niemand. Später würden Backdüfte aus der Küche kommen, und die junge Frau, die erst kurze Zeit am Theater aushalf, würde die Brezeln in den Pausen verkaufen. Zwischendurch würde sie Tannhäuser streicheln, seine Wangen mit angenehm kreisenden Fingern kraulen, die dann zum Hals wanderten. Ihre Stimme war freundlich, ein bisschen unsicher vielleicht, aber voller Wärme. Meist saßen sie beide unter der Treppe, wo Stapelstühle lagerten, hinter denen es sich gut verstecken ließ. Tannhäuser spürte, dass der jungen Frau etwas auf der Seele lag. Sie summte leise, wenn er schnurrte, und kraulte ihn so inbrünstig, als brauche sie selbst Streicheleinheiten. Aber sie war eben noch nicht da. Langsam trabte er zurück zum Foyer. Ob sich jemand anderes fand, der einen Blick und ein gutes Wort für ihn übrig hatte? Aber all die Leute waren so sehr mit sich beschäftigt. Sie wollten ihre Jacken abgeben und vor der Vorstellung noch schnell auf die Toilette. Die Kinder spähten in den Gang, der zum Hinterausgang führte. Dort lagen ihre Geschenke in Regalen hinter langen Tischen. An der Decke glitzerten weiße Wattewolken und leise Musik erklang. Plötzlich trat ein Mann nach hinten aus. Tannhäuser entkam nur hauchdünn seinem Stiefel. Jetzt reichte es aber! Er rannte zurück zu den Stapelstühlen, sprang auf den obersten und rollte sich dort ein.

Es war ganz ruhig in der Wohnung, nur die Heizkörper knackten leise. »Wozu bin ich in eine WG gezogen, wenn nie einer da ist?«, murmelte Jana. Sie wollte ihre Tasche auf den Stuhl werfen, aber die Energie reichte nur für einen müden Abwärtsflug auf den Boden. Jana zuckte die Schultern und ließ die Tasche liegen. Nicht mal weihnachtlich geschmückt war es. Sie selbst hatte sich ein kleines Gesteck gekauft und zündete immer beim Abendbrot die Kerzen an. Die anderen taten nichts dergleichen. Anna wohnte neuerdings bei ihrem Freund und kreuzte hier nur auf, um sich frische Kleidung oder Bücher zu holen. Tom hatte einen Job als Nachtwache angenommen, wo er meistens schlief, weil nichts zu tun war. »Ich werde noch das Sprechen verlernen, außer ich führe Selbstgespräche«, murmelte sie vor sich hin und spürte dabei ein drückendes Gefühl im Magen. Sie sah auf die Uhr. Noch eine Stunde, bis sie im Theater sein musste. Sie legte sich auf die Couch, um auszuruhen, aber in ihren Ohren rauschte es, sie hatte einen Kloß im Hals, und es kitzelte in der Nase, gleich würden Tränen aufsteigen. Sie atmete angestrengt dagegen an. Das Handy klingelte. Sina! Wie schön! Sie kannten sich schon seit Kindertagen.

»Und du verkaufst Brezeln im Theater, hast du mir gemailt?«, fragte Sina. »Kannst du jetzt endlich mit Fremden sprechen?«

»Kein Stück. Aber das muss ich da nicht wirklich.

Ich sag nur drei Euro, die Leute geben das Geld und das war's. Das schaff sogar ich.«

»Eine Brezel kostet drei Euro? Ernsthaft?«

»Ja. Das zahlen die Leute, ohne mit der Wimper zu zucken. Kommt ein Vater, verlangt vier Brezeln und gibt mir zwölf Euro. Aber die Brezeln sind groß, das muss man sagen. Oh, und im Theater ist ein wunderschöner Kater.«

Sina kicherte. »Das reimt sich. Kannst unter die Dichter gehen. Hast du wieder eine Therapie angefangen?«

»Nein. Ich hab dazu keine Zeit. Muss für die Uni so viel erledigen. Können wir heute Abend telefonieren? Ich muss gleich los.«

»Tannhäuser, da bist du ja«, sagte Jana und streckte die Hand nach ihm aus. Er saß auf dem obersten Stapelstuhl ganz links und hatte seine Vorderpfoten unter den Bauch geschoben. Jetzt brannte das Licht im Gang, und sein weißer Latz leuchtete in der schattigen Ecke. Es duftete nach Brezeln. Ob Katzen den Geruch auch angenehm fanden? Jana zog eine Schachtel aus der Jackentasche und klapperte damit. Tannhäuser kannte sie schon, er sprang sofort auf und drückte den Kopf energisch gegen Janas Hand, als wollte er sagen: »Mach auf, gib her!«

Jana öffnete die Schachtel und leerte das Futter auf den Boden, der Kater sprang herab und begann zu fressen. Dabei schnurrte er laut, ein so beruhigendes Geräusch. Leider hörte sie nun aus der Küche: »Mädchen, es ist so weit!«

»Schade, musst allein weiterschnurren«, sagte sie, wusch sich die Hände, nahm Servietten und Brezelkorb und stellte sich ins Foyer.

Die Türen zum Vorstellungsraum öffneten sich, Menschen strömten vorbei, zu den Toiletten, zum Rauchen nach draußen, wieder herein. Die Kinder tobten, und immer wieder wollte jemand eine Brezel haben. Ein Schauspieler im Katzenkostüm tauchte auf, die Kinder rannten ihm nach und riefen: »Gestiefelter Kater, warte!« Jana sagte immer die gleichen Worte: »Drei Euro, bitte. Danke.«

Mit Fremden reden. Ihr Kopf war immer so leer, wenn ihr jemand eine Frage stellte. Sie geriet in Panik, brauchte meist zu lange, um zu antworten, aus blanker Angst, etwas Falsches zu sagen. Und dann nuschelte sie. Wenn man die Zeit anhalten könnte. Die Leute in Schlaf versetzen wie bei Dornröschen. Dann könnte man nachdenken und den anderen wecken, wenn man die Antwort hat.

»Eine Brezel, bitte«, sagte ein junger Mann. Jana sah, wie er gerade am Reißverschluss des Portemonnaies ziehen wollte, da fiel es ihm aus der Hand. Es war ein kleines schwarzes Lederding, eben für ein paar Münzen geeignet. Er bückte sich, aber Tannhäuser war schneller. Der Kater packte das Portemon-

naie mit dem Maul und verschwand in Windeseile.

»Das kann doch nicht ...« Der Mann rannte dem
Kater nach, aber Jana wusste, das war aussichtslos.
So alt Tannhäuser auch war – wenn er wollte, war er
richtig schnell.

Nach einer Weile kam der Mann zurück.

»Jetzt ist das Geld weg«, sagte er hilflos.

Jana gab zwei Brezeln an Kunden aus und entgegnete nur: »Ja.« Was sollte sie auch sonst sagen? Was
sagte man in so einer Situation? Smalltalk, wie machte man das bloß?

»Ich arbeite nachher als Weihnachtsmann bei der
Geschenkausgabe. Ich hatte überhaupt kein Mittagessen, ich ...«

Sie ahnte, worauf er hinauswollte, und gab ihm lächelnd eine Brezel.

»Danke. Ich geb es dir später. Jedenfalls hoffe ich
das. Falls mein Portemonnaie wieder auftaucht. Es
hat aber auch wirklich Mausgröße. Mit einem größeren wär das nicht passiert. Ich muss jetzt mein
Kostüm anziehen. Wir sehen uns.« Er schüttelte immer noch den Kopf, hob die Hand zum Gruß und
ging davon.

»Tannhäuser? Wo bist du?«

Er saß nicht auf den Stapelstühlen, nicht mal ir-
gendwo sonst unter der Treppe. Jana sah auf die

Uhr. Das Stück lief noch eine Dreiviertelstunde. Aus dem Vorstellungsraum erklangen gedämpfte Kinderstimmen: »Kater, Kater, pass auf! Der Zauberer kommt!«

Wo steckte Tannhäuser nur? Sie schaute in die Küche und ließ den Blick über den Boden schweifen.

»Was suchst du? Den Kater? Du glaubst doch nicht, dass ich den in die Küche lasse?«, sagte Herr Simmer und machte eine energische Handbewegung, dann breitete er neue Brezeln auf den Backblechen aus. Jana nickte und ging den Flur zurück bis zur Seitentür, in der eine Katzenklappe war. Vielleicht hatte der Kater seine Beute nach draußen geschleppt? »Da finde ich ihn nie«, murmelte sie und dachte an das Gewirr aus abgestellten Fahrrädern, Mülltonnen und Containern voller Requisiten. Sie öffnete die Tür einen Spalt breit. Aber natürlich! Es schneite! Noch konnte sie Tannhäusers Spuren erkennen. Waren seine Pfoten wirklich so klein? Oder gehörten die Spuren zu einer anderen Katze? Jana hatte keine Jacke an, die Kälte kroch rasch durch die Maschen des Pullovers. Trotzdem folgte sie der Spur. Sie führte zu den Fahrradständern, im Kreis um mehrere Räder, dann Richtung Mülltonnen. Sie erwartete, Tannhäuser dahinter zu sehen, nein. Die Spur verlor sich auf einem Gitter des Kellerfensters. Vielleicht war Tannhäuser von dort auf eine Mülltonne gesprungen? Die Mülltonnen hatten alle unberührte Schneemützen auf. Sie drehte sich nach links und rechts. Schaute nach oben.

»Da bist du ja!«

Tannhäuser saß über ihr auf dem Fensterbrett, das Portemonnaie im Maul.

Sie reckte sich und hob den Kater herunter. Dabei griff sie gleich nach dem schwarzen Lederetui. Nicht, dass es noch herunterfiel und durch das Gitter in den Kellerschacht sauste!

»Du bist mir einer. Das kannst du sowieso nicht fressen, mein Lieber.« Während sie weiter mit ihm redete, ging sie zurück ins Theater und machte sich auf die Suche nach dem jungen Mann. Er sollte Geschenke ausgeben, also würde er wohl im hinteren Gang sein. Tannhäuser blieb auf ihrem Arm und schnurrte, er ließ sich gern herumtragen. Der lange Gang lag nun vor ihr, sie schrak zurück. Sechs Weihnachtsmänner! Wie sollte sie ihn in der Verkleidung erkennen? Kein Wort kam über ihre Lippen, ihr Hals war eng, die Stimme weg. Die Weihnachtsmänner nahmen sie auch gar nicht wahr. Einige saßen und waren mit ihren Smartphones beschäftigt, um sich die Zeit zu vertreiben. Andere räumten Pakete mit Geschenken in die Regale. Tannhäuser begann zu strampeln. Sie setzte ihn einfach auf den ersten Tisch. Tannhäuser tigerte elegant geradeaus, eine Pfote vor die andere setzend, als hätte er nur einen schmalen Weg zur Verfügung. Er hielt sich dabei am Tischrand, als wollte er jederzeit abspringen können.

»Die Katze auf dem Catwalk«, sagte der erste Weihnachtsmann. Der zweite hob nicht mal den Blick. Der dritte sagte: »Hatte schon gehört, dass das Theater einen Kater hat. Kann der nun auch singen wie Tannhäuser?« Er schaute Jana an, sie lächelte nur.

»Kater?«, hörte sie den nächsten Weihnachtsmann. Er war am Regal beschäftigt gewesen, drehte sich nun aber um und rief: »Der Dieb! Wo hast du mein Portemonnaie gelassen?«

Jana zog es hervor und hielt es hoch. Der junge Mann setzte die Mütze ab und schob sich den Bart aus dem Gesicht. »Super, wo hast du das gefunden?«, fragte er. Das war eine einfache Frage, aber Janas Kopf war wieder so leer, und sie fand keine Worte. Tannhäuser ließ ein lautes Miau hören und stupste den jungen Mann, der an den Tisch getreten war. Das war genau die Sekunde, die Jana gebraucht hatte, um sich zu fangen. Beide schauten den Kater an, als sie sagte: »Im Hof. Ich musste nur den Pfotenspuren im Schnee folgen.«

»Ich bin Lukas«, sagte der Weihnachtsmann und nahm das Portemonnaie entgegen. Er öffnete es, holte drei Euro heraus und gab sie ihr. Tannhäuser stupste wieder mauzend an seine Hand, und endlich antwortete Jana und sagte ihren Namen. Und so ging es immer weiter. Es fiel gar nicht auf, dass sie vor jeder Antwort stockte. Tannhäuser mauzte und mauzte, ja, fast sang er, und bald wussten die beiden ein bisschen voneinander. Woher sie kamen, wo sie wohnten. Er studierte Chemie, sie Kunst.

»Und wie ist das so?«, fragte Lukas. Tannhäuser mauzte, Jana atmete durch.

»Im Moment müssen wir zeichnen, zeichnen, zeichnen. Eine Sache in einer Minute, in drei Minuten, in dreißig Minuten. Zuerst geht's um den Umriss, zuletzt um Schraffuren, Muster. Aktzeichnen machen wir auch. Es muss dabei immer leise sein, man lernt die anderen kaum kennen.« Jana hörte ihre eigene Stimme und wurde ruhiger. Nun war Lukas schon nicht mehr fremd, und ihre Angst war weg.

»Ich finde es toll, dass es noch solche Firmen gibt«, sagte Lukas. »Die laden alle Kinder der Angestellten ein und geben sogar vorher Wunschzettel aus.«

Jana schaute auf die ganzen Pakete in den Regalen. Sie hatte sich gar nicht gefragt, warum Kinder, die ins Theater gingen, Geschenke bekamen und wer das bezahlte. Aber Lukas wusste alles darüber. Er war hier schon das dritte Jahr Weihnachtsmann, und so lange studierte er auch schon. Aus der Küche rief Herr Simmer. Gleich war die Vorstellung vorbei, und die Leute wollten sich Brezeln für den Heimweg mitnehmen.

»Wollen wir noch was trinken gehen, wenn hier alles vorbei ist?«, fragte Lukas. Tannhäuser mauzte wieder laut, und Lukas sagte lachend: »Dich meinte ich nicht, mein Lieber.«

»Ja, das machen wir«, sagte Jana. Sie ging, und Tannhäuser folgte ihr. Sie drehte sich immer wieder nach ihm um. So ein Dieb. So ein Freund. Sie hielt an und streichelte ihn. »Ohne dich hätte ich das nicht geschafft. Morgen bekommst du eine doppelte Portion Futter.« Er stupste ihre Hand. Einträchtig hockten sie eine Weile so da und ließen sich nicht mal von Herrn Simmers Rufen stören.

Beim Händewaschen fiel ihr Sina ein. Schaffte sie es noch, ihr eine Nachricht zu schicken? Sie nahm das Smartphone und schrieb: »Kann heute vielleicht doch nicht telefonieren. Habe eben mit einem Fremden gesprochen. Wir sind für nachher verabredet.«

Sina antwortete sofort: »Das ist ja großartig! Ich hoffe, es ist nicht nur der Kater.«

Jana antwortete: »Nein, aber der Kater hatte seine Pfoten im Spiel.«

Inzwischen waren die meisten Leute gegangen. Tannhäuser trabte den Flur hoch bis zum Foyer. Die junge Frau stand dort und unterhielt sich. Das hatte sie noch nie getan. Sie sah ihn gar nicht. Er ließ den Kopf sinken. Wieder zurück oder nach draußen? Ach, draußen war es kalt und dunkel. Die tanzenden

Schneeflocken waren sowieso schlecht zu sehen. Also drehte er sich um und ging müden Schrittes Richtung Seitengang. Aber er kam nicht weit.

»Tannhäuser! Tannhäuser?«

Das war ihre Stimme. Er drehte sich um. Die Frau und der Mann kamen beide zu ihm. Sie hockten sich hin und streckten ihm jeder eine Hand entgegen. Tannhäuser beobachtete den Mann genau, er kannte ihn ja nicht. War er nicht vorhin sogar böse auf ihn gewesen? Die junge Frau kraulte ihn. Sie kam ihm froher vor, er spürte in ihren Fingern mehr Energie als sonst. Er hob den Kopf und streckte ihr den Hals entgegen, und schließlich ließ er es auch geschehen, dass der Mann ihn streichelte. Niemand sprach ein Wort, eine ganze Weile lang. Dann erhoben die beiden sich.

»Wir sind morgen wieder da, Tannhäuser«, sagte die Frau, und dann sah er, wie die beiden durch den Haupteingang nach draußen gingen. Als sie die Tür aufhielten, wirbelten wieder Schneeflocken herein. Jetzt war niemand mehr da, der ihm auf die Füße trat. Also sprang er los, Flocken fangen.

Die Frau sah das und hielt die Tür weiter auf.

Und so tobte Tannhäuser hin und her, lief auf den Hinterbeinen, hüpfte den Flocken nach, die immer neu auf ihn zutanzten, und genoss das Spiel, ganz so, als sei er noch ein junger Kater.

Franziska Wolffheim
Ein Kater fährt Schlitten

Der Himmel hängt tief über den verschneiten Straßen. Kuno läuft ziellos umher, er hat Hunger, üblen, bohrenden Hunger. Seit einiger Zeit hat er kein richtiges Zuhause mehr. In der Familie, in der er vorher lebte, hatte es ständig Krach gegeben. Die Kinder stritten sich, die Eltern brüllten die Kinder an, manchmal brüllten die Kinder auch zurück. Also hat er sich aus dem Staub gemacht. Kuno fragt sich, warum Menschen ständig schreien und überhaupt laute Geräusche machen müssen. Er ist nicht mehr der Jüngste und kann den Lärm nicht mehr gut ab. Außerdem braucht er mehr Zeit zum Nachdenken als früher, und dafür sind Geräusche auch nicht gut.

Kuno hat seine festen Adressen, die er regelmäßig abgrast. Wo ihm jemand ein Schälchen mit Makrelen hinstellt oder auch mal ein Stück französischen Camembert, den mag er besonders. An diesem Tag fällt der Ertrag kläglich aus. Ob ihn heute alle vergessen haben? Er blickt durch die Fenster in Wohnzimmer, in denen Tannenbäume stehen, geschmückt mit Goldlametta und glänzenden Kugeln. Kuno hätte auch gern eine solche Kugel, wenn man hineinschaut, begreift man vielleicht mehr von der Welt, denkt er. Allerdings wird man von einer Kugel nicht satt. Er überlegt, eine Maus zu fangen, aber im Schnee ist das schwierig.

An einer Straßenecke biegt Kuno in einen Weg ein, der steil ansteigt und auf einen Hügel führt. Holunderweg heißt der Weg, Kuno ist hier noch nie gegangen. Ganz oben steht ein Haus aus roten Backsteinen. Der Garten ist voller Schnee, der Weg zum Haus nicht gefegt. Kuno kriecht durch den Zaun und entdeckt im Schnee ein paar schrumpelige Äpfel. Er schnuppert, beißt in einen Apfel und spuckt das Stück sofort wieder aus. So ein faules Ding!

In diesem Moment kommt eine alte Frau aus dem Haus und schlappt mit ihren Fellpantoffeln direkt auf ihn zu. Sie trägt eine Winterjacke, einen kurzen Rock, ihre Beine sind nackt. In ihrem Haar stecken ein paar Lockenwickler, aber nur auf der linken Seite, das sieht komisch aus, ein bisschen windschief. Erstaunt sieht sie Kuno an: »Wo hast du dich denn so lange herumgetrieben, bist einfach ausgerückt. Ich habe dich vermisst!« Kuno kennt die Frau nicht, er ist noch nie in ihrem Haus gewesen. Egal, vielleicht hat sie etwas zu fressen, also beschließt er, sich nicht groß anzustellen.

Die Frau schlappt zum Haus zurück, Kuno folgt ihr. An der Haustür hängt ein rotes Schild mit fünf tanzenden Buchstaben: M e W E s. Im Haus ist es still, das gefällt Kuno. Ein kleiner Tannenbaum steht im Wohnzimmer mitten auf dem Esstisch, der Fuß steckt in einer großen Vase. In den Zweigen hängen ebenfalls Lockenwickler und jede Menge Socken, blau, rot, gestreift, kariert, gepunktet. An der Spitze steckt eine rote Kugel, in der sich das Wohnzimmer spiegelt. Allerdings sieht das Ganze nicht sehr stabil aus, und Kuno fragt sich, wann der Baum wohl vom Tisch poltert. Vorsichtshalber geht er auf Abstand.

Neben dem Wohnzimmer ist die Küche, Kuno sieht den Kühlschrank und steuert direkt darauf zu. Er achtet darauf, dass Frau Mewes ihn dabei sieht. »Hunger?«, fragt sie. »Das ist ja klar, so lange, wie du weg warst.« Sie öffnet die Tür, und Kuno ist enttäuscht: Jede Menge von diesen komischen faulen Äpfeln, zur Gesellschaft ein paar braune Bananen, außerdem bunte Tassen, Teller, auf einem Teller liegen ein Messer und eine Gabel. War es das? Frau Mewes öffnet die Gemüse-Schublade und zieht ein Päckchen Räucherlachs hervor. Dann nimmt sie den Teller mit dem Messer und der Gabel, legt den Lachs darauf und stellt ihn vor Kuno auf den Boden. Was soll er mit Messer und Gabel anfangen? Kuno zerrt mit den Zähnen an der Verpackung, endlich hat er sie auf. Den Lachs schlingt er in Windeseile hinunter. Köstlich! Als er fertig ist, legt er sich auf den Boden, neben die Füße von Frau Mewes, die friedlich in ihrem Sessel sitzt. Kuno gähnt zufrieden. Er mag es, dass keiner über ihn hinwegspringt und keiner schreit.

»Wo warst du eigentlich?«, fragt Frau Mewes. »Du bist ein bisschen grau geworden.« Sanft streichelt sie Kunos Bauch. »In der letzten Zeit hatte ich kaum Besuch. Oder ich habe es vergessen. Manchmal fühlt sich mein Kopf wie eine große Nebelwolke an. Ich stochere darin herum, aber kann keinen klaren Gedanken finden. Sind alle verschwunden. Wo leben meine Kinder noch mal? Ich glaube, in Amerika, weit weg.« Einmal, erzählt sie, ist sie mit dem Schiff über den Ozean gefahren und hat sie besucht. Dann schweigt sie, und Kuno legt sich auf ihre Füße. »Bleib liegen«, sagt Frau Mewes, »meine Wärmflasche ist schon länger weg. Vielleicht hat Frau Becker sie mitgenommen.«

Frau Becker kommt jeden Tag bei Frau Mewes vorbei. Vielleicht heißt sie auch Wecker, meint Frau Mewes, jedenfalls schimpft sie häufig. »Teller gehören nicht in den Kühlschrank, Frau Mewes, Schokolade niemals auf die Heizung. Das geht nicht mehr lange gut mit Ihnen, Frau Mewes, allein in dem Haus.« Frau Mewes sagt, dass das sehr wohl gut geht, sie fände es praktisch, wenn der Teller im Kühlschrank gleich neben dem Aufschnitt steht. Und sie liebe flüssige Schokolade, die sie direkt aus dem Papier löffeln kann. Das habe Frau Becker-Mecker wohl nicht verstanden. Kuno denkt, dass es eine gute Idee ist mit der Schokolade auf der Heizung – die nächste Schokosuppe ist seine.

»Ich bin froh, wenn Frau Spirali vorbeikommt mit ihren bunten Ohrringen. Immer wenn sie die Wohnung putzt, macht sie Musik an, italienische Opern, und die Arien singt sie beim Wischen und Feudeln laut mit. Manchmal singe ich auch mit: ›Uuu-na furtiii-va ...‹ Weiter weiß ich nicht.« Nur gegen den Staubsauger, ergänzt Frau Mewes, kommt keiner an, auch Frau Spirali nicht. Kuno denkt, dass er auf Staubsauger plus italienische Arien plus Gesang von Frau Spirali und Frau Mewes überhaupt keine Lust hätte – viel zu viel Chaos.

Inzwischen ist es dämmrig geworden. Frau Mewes macht eine Lampe an. »Wo sind nur meine Kerzen, ich finde sie nicht«, sagt sie bekümmert. In diesem Moment klopft es, dann noch mal. Frau Mewes geht zur Tür und öffnet, Kuno folgt ihr neugierig. Draußen steht ein kleiner Weihnachtsmann mit schneegepuderter Mütze, in der Hand hält er ein Seil mit einem Holzschlitten dran. »Frohe Weihnachten, Frau Mewes«, sagt er mit heller Stimme. Dann entdeckt er Kuno. »Wie gut, dass Sie Besuch haben. Darf ich reinkommen?« – »Ist denn schon wieder Weihnachten«, fragt Frau Mewes, »war doch erst gerade.« – »Die Zeit vergeht schnell«, antwortet der Weihnachtsmann fröhlich. »Ihre Tanne haben Sie sehr schön geschmückt.«

Vorsichtig nimmt der Weihnachtsmann Frau Mewes die Lockenwickler aus den Haaren und hängt sie zu den anderen Wicklern in den Baum. Der Kater sieht, dass der Weihnachtsmann unter seiner Weihnachtsmütze bunte Ohrringe trägt, das sieht lustig aus. Vielleicht ist der Weihnachtsmann in Wirklichkeit eine Weihnachtsfrau. Der Weihnachtsmensch geht jetzt in die Küche und legt einen Sack auf den Tisch. »Bevor es dunkel wird, möchte ich Sie zu einer Schlittenpartie einladen. Wie wär's?«

Wenig später sitzen der Weihnachtsmann und Frau Mewes auf dem Schlitten. Kuno weiß nicht, ob er mitfahren soll, aber der Weihnachtsmensch hebt ihn einfach hoch und legt ihn Frau Mewes in die Arme. Dann zündet er zwei Wunderkerzen an, eine reicht er Frau Mewes, die andere behält er selbst in der Hand. »Gut festhalten, los geht's!«

Zu dritt sausen sie den Hügel herunter. Der Wind bläst ihnen ins Gesicht, etwas Schnee ist auch dabei. Die Wunderkerzen sprühen kleine Funken. Frau Mewes lehnt sich weit zurück, dann sind sie schneller. Kuno hört, wie sie leise vor sich hin singt. Er findet den Fahrtwind etwas kalt, aber egal. Als sie unten angekommen sind, bremst der Weihnachtsmann mit seinen Stiefeln vor ein paar schneebedeckten Tannen ab. Hinter den Tannen steht eine Reihe hell erleuchteter Häuser, in den Fenstern leuchten gelbe und rote Sterne. »Noch mal!«, sagt Frau Mewes entschieden, »als Kind bin ich jeden Tag gerodelt.« – »Aber nicht im Sommer, Frau Mewes«, meint der Weihnachtsmann. »Vielleicht doch«, meint Frau Mewes, »aber übers Wasser.«

Dreimal fahren sie noch zusammen den Hügel hinunter, dann ist es endgültig dunkel. Im Haus zündet der Weihnachtsmann die Kerzen am Baum an, ein sanfter Schein fällt auf die Lockenwickler und die Socken. Dann packt er seinen Jutesack aus: italienische Salami, Parmesankäse, Forelle, zwei Granatäpfel, Nüsse, Lebkuchen und ein Mistelzweig. Gemeinsam essen sie alles auf, bis auf den Mistelzweig. Kuno ist zufrieden, er fühlt sich voll und rund wie lange nicht mehr. Nur den Meerrettich, den es zu den Forellen gab, hätte er nicht gebraucht.

Nach dem Essen hängt der Weihnachtsmann den Mistelzweig über der Haustür auf. »Der soll Ihnen Glück bringen, Frau Mewes«, sagt er. »Ich glaube, es hat mich mal jemand geküsst, unter einem Mistelzweig«, meint Frau Mewes, »wer war das bloß?« – »Ist vielleicht schon ein bisschen her, oder?«, fragt der Weihnachtsmann. »Kann sein. Der Kuss ist im Nebel verschwunden.« Frau Mewes lehnt sich in ihrem Sessel zurück und schließt die Augen. »Sie sind müde«, sagt der Weihnachtsmann freundlich. »Ich muss jetzt los, aber Sie haben ja Gesellschaft.« Kuno denkt, dass es tatsächlich eine gute Idee wäre, hier zu bleiben, er mag die Ruhe im Haus, und Frau Mewes ist auch okay.

Nur auf die alberne Geschichte mit dem Kuss und dem Mistelzweig hätte er gut verzichten können – Gefühlsduselei!

Katharina Greve
Der Katzenbaum

Nach dem Tod vom dritten Mann
fängt Elli Schulz von vorne an.
Mit drei Miezen geht es los:
Trixi, Tom und Trauerkloß.
Dann Katzen-Bilder an der Wand,
Katzen-Nippes, Katzen-Tand.
Bald weiß es die ganze Stadt:
'nen Katzen-Tick die Elli hat!
Nebenan wohnt Anna Riebling.
Kater Karlo ist ihr Liebling.

Nun geht sie fort nach Übersee.
Wohin mit Karlo? Null Idee!
Doch Elli nimmt den Kater auf –
und das Schicksal seinen Lauf.
Es dauert nicht mehr lange
und die Leute stehen Schlange.
Die Allergie vom neuen Schatz,
eine Wohnung ohne Platz,
der alte Kater viel zu fett,
zu wenig Likes im Internet:
Zeit, die Mieze abzuschieben –
Elli wird sie wahrlich lieben!
Ob Stromer, Diva, nur drei Beine,
faule, wilde, große, kleine,
Paule, Murr und die Chantalle,
Elli hegt und pflegt sie alle.
Auch Impfen, Streu, Entwurmungskur
gehör'n zum Katzen-Service pur.
Neue Tiere kommen täglich,
langsam fühlt sich Elli kläglich.
Das Haus ist voll, die Börse leer,
wo kommt nun das Fresschen her?
Um die Katzen zu versorgen,
muss sich Elli Mäuse borgen!

Versetzt so Möbel, Schmuck und Kleider.
Ach, das reicht kaum! Leider, leider!
Und zu all dem Armutsleid
kommt auch noch die Weihnachtszeit.
Eigentlich will sie gar nichts haben,
weder Gans noch teure Gaben.
Nur eins wünscht Elli sich von Herzen:
einen Weihnachtsbaum mit Kerzen.

Doch in dieser monetären Lage
kommt das auf keinen Fall in Frage.
Schon ist Heiligabend da
und Elli still den Tränen nah.
Im Sessel sitzt sie trostlos rum,
guckt sich nach den Katzen um.
Die machen, was sie immer machen:
schnurren, schlafen – Katzen-Sachen.
»Als Dosenöffner seht ihr mich!
Doch ganz egal ist euch mein Ich!!!«,
denkt Elli, düster und allein.
Schließlich schläft sie traurig ein.
Ganz sanft schnarcht sie im Sitzen,
da sieht man Katzenaugen blitzen.
Tier um Tier schleicht leise weg,
wohl für 'nen geheimen Zweck.
Man hört weiche Tippel-Tatzen,
hier und da ein leichtes Kratzen.
Plötzlich maunzt ein Katzen-Chor,
Elli schreckt entsetzt empor.
»Was ist los? Was ist passiert?«,
ruft sie mächtig irritiert.
Sie guckt sich rasch und suchend um,
wird augenblicklich still und stumm.
Denn da steht – das ist kein Traum –
ein echter Katzenweihnachtsbaum!
Die Elli ist gerührt wie nie
von dieser Miezen-Sympathie.

Und der Baum maunzt dazu leise
eine Katzenweihnachtsweise.

Anja Baumheier
Oneiros

Man muss sich Otto Tannhäuser als unauffälligen Mann unschätzbaren Alters vorstellen. Er hätte fünfundzwanzig sein können oder fünfundfünfzig. Sein Personalausweis legte ihn auf neununddreißig Jahre, eine Körpergröße von einem Meter einundachtzig sowie braune Augen fest. Geboren war Tannhäuser im Erzgebirge. Mittlerweile lebte er in Dresden, und zwar in der Alaunstraße, zwei Etagen über einem Döner-Point, in den er drei Mal wöchentlich einkehrte und stets dasselbe aß: einen Döner mit extra Zwiebeln und extrascharfer Soße. Tannhäusers Ausweisfoto zeigte ein ovales Gesicht mit feiner Nase, vollen Lippen, markigen Augenbrauen und einem Standardherrenschnitt in straßenköterblond. Wenn man das Foto ganz, ganz kurz ansah und gleich die Augen schloss, meinte man, einen Blick auf das Konterfei August des Starken geworfen zu haben. Auch er ein Sohn Sachsens, wenngleich nichts über seine tatsächliche Frisur überliefert ist und man nur die weißlockigen Turmperücken kennt. Doch es gab riesige Unterschiede zwischen den beiden Männern.

August der Starke war aufbrausend, absolut und aufrührerisch. Otto beherrscht, bescheiden und beschaulich. Er war Mathematiker an der hiesigen Universität, hatte eine ausgedehnte Schwäche für logische Definitionen anhand abstrakter Strukturen sowie für Eindeutigkeiten von Personalausweisen. Neben seiner Arbeit an der Fakultät ging er wenigen bis keinen Sozialkontakten nach. Den ausgiebigsten Kontakt hatte Tannhäuser zu Said Hakimi, dem Inhaber des Imbisses im Parterre. Ferner schwärmte Otto für Weihnachten und Katzen.

Die Weihnachtsschwärmerei kommt von unserem Familiennamen, behauptete Tannhäusers Vater.

Die Katzenschwärmerei kommt von meinem Mädchennamen, behauptete Tannhäusers Mutter, eine geborene Katzenbach.

Beide Eltern kamen aus dem Erzgebirge. Genauer aus Warmbad in Wolkenstein, wo es im Winter bitterkalt wurde und noch im August Schwibbögen von Fensterbrettern aus schwitzend in die Sonne blinzelten. Insgesamt kann man Otto Tannhäuser als eine körperliche, namentliche und soziologische Symbiose diverser Weihnachtsparameter bezeichnen. Er war durch und durch ein weihnachtlicher Typ. Und so nahm es nicht wunder, dass auch die Sache mit Ada durch und durch weihnachtlich anmutete, obgleich sie im Sommer ihren Anfang nahm.

Aber der Reihe nach.

Otto und Ada. Von hinten wie von vorne. Die Elbe war über die Ufer getreten, hatte überflutet und überflutet und überflutet. Das sächsische Elb-Florenz war zu einer wasserlastigen Schwester Venedigs geworden. Die Stadt verletzt, alles aufgeweicht gleich stehengelassener Cornflakes in Milch. Wie gut, dass August der Starke nicht sah, was mit seiner Stadt passierte. Wie schade, dass er nicht sah, wie Otto Tannhäuser und Ada Draumur sich trafen.

Tannhäuser hatte sich zum Helfen gegen die Naturgewalt des Wassers gemeldet. Aufgekrempelte Hosen, Gummistiefel und Badeschlappen im Museum. Zunächst hatte er mit angepackt und jahrhundertealte Gemälde und Skulpturen in höher gelegene Ausstellungsräume getragen. Als das Depot der Alten Meister einem Bassin glich und nicht mehr zu retten war, was noch nicht gerettet wurde, verlagerte Tannhäuser seine Hilfe auf die Straße. Dann kam der dreizehnte August. Ein historischer Tag, zumindest für die Allgemeinheit. Im Privaten sollte er sich auch für Tannhäuser als geschichtsträchtig herausstellen. Denn während er Sandsäcke stapelte und die Temperaturen sich bis über dreißig Grad aufschwangen, begegneten sie sich. Ada war auf einem klatschmohnroten Schlauchboot an ihm vorbeigeflossen, das Blaue Wunder hinter ihr am Horizont wie ein touristisches Postkartenaugenzwinkern. Ada trug ein klatschmohnrotes Sommerkleid, als hätten sich Boot und Kleid abgesprochen. Vor ihre Brust geklemmt hielt sie zwei Dinge: eine leopardengleiche Bengalen-Katze und die Schallplatte *Weihnachten in Familie.* Tannhäuser erstarrte. Er ließ den Sandsack fallen. Die Schleppkette wurde unterbrochen. In breitem Sächsisch gemault. Tannhäuser blickte der klatschmohnroten Ada, der Leopardenkatze und der Weihnachtsschallplatte hinterher. Kurz bevor das Schlauchboot aus seinem Blickfeld geflossen war, legte er beide Hände trichterförmig gegen seinen Mund und rief: »*Frank Schöbel.*«

Und so als wäre das das heimliche Kennwort für die Mitgliedschaft im exklusiven Klub der glücklichen Herzen gewesen, nahm die Beziehung zwischen Otto und Ada mit Frank Schöbel ihren Anfang. Sie nahm ihren Anfang mit einem weiteren Sohn Sachsens.

In der darauffolgenden Woche zog Ada bei Otto ein, da ihre Wohnung in der Friedrichstadt mannshoch unter Wasser stand. Ada hatte kaum etwas retten können. Viel hatte sie, die als Stewardess bei der Lufthansa arbeitete, nie besessen. Das Wenige war nun cornflakesinmilchgleich pappig, breiig, unbrauchbar. Eine Handvoll Reiseführer, ein Dutzend Kleidungsstücke, die Frank-Schöbel-Platte und die Katze, die eigentlich ein Kater war und auf den Namen Oneiros hörte. Otto räumte ein Bücherregalbrett, zwei Kleiderschrankregalbretter sowie eine Schublade frei. Hätte man ihn gefragt, hätte er aufrichtig zugegeben, dass er alles für Ada freiräumen würde. Sein ganzes Leben würde er für sie freiräumen, und das tat er auch. Sie wurde zu seinem Zentrum, seinem Mittelpunkt. Ottos Mathematikerherz jubilierte verliebt. Ada war die menschgewordene Eindeutigkeit. Ihr Gesicht war unübertrefflich symmetrisch, ihr blondes Haar ausnahmslos glatt, ihre Augen ungeschmälert blau, ihr Körper normgerecht und ihre Stimme durchgehend klar.

Weihnachten zweitausendzwei war Tannhäusers und Adas erstes gemeinsames. Das erste Mal seit neununddreißig Jahren feierte Otto Weihnachten nicht bei seinen Eltern in Warmbad, versprach aber einen Besuch zu Silvester.

Auf die Frage, was denn mit ihrer Familie sei, antwortete Ada: »*Da gibt es niemanden mehr.*«

Etwas in dem verkürzten Ausdruck ihrer blauen Augen verhieß Otto, nicht genauer nachzufragen.

Die beiden zogen sich zurück, umgeben von erzgebirgischen Schwibbögen, qualmenden Räuchermännchen und einer klassischen Tischpyramide mit einer sich drehenden Miniaturversion der Seiffener Kirche. Drei Tage lang verbrachten Otto und Ada in besinnlicher Klausur, waren sich selbst genug und konnten doch nicht genug voneinander bekommen. Drei Tage ernährten sie sich ausschließlich von dem Angebot des Döner-Point, um so wenig Zeit wie möglich mit Küchenarbeiten zu verschwenden und sich so viel wie möglich in den Armen halten zu können. Heiligabend gab es Pide mit Weichkäse und Salat, am ersten Weihnachtstag Grillteller und Salat, am zweiten Weihnachtstag Dönerteller. Für Otto von da an ohne Zwiebeln und extrascharfe Soße. Kater Oneiros lag zu Füßen der Hochwasserverliebten und wurde mit Ende des Jahres zweitausendzwei zu einem abgöttischen Köfte-Fan. Otto und Ada hörten in diesen zurückgezogenen Tagen unzählige Male die Schöbel-Platte, gingen im Alaunpark spazieren, sahen *Fröhliche Weihnachten mit Frank* im Fernsehen, verfolgten die Jahreszusammenfassungen zum Jahrhunderthochwasser und wurden von schlechtem Gewissen geplagt. Während die Wassermassen vielen die Existenz hinweggespült hatten, spülte sie für Otto und Ada die Liebe in ihre Existenz. Mittenhinein. Die Elbe war ihre Kupplerin gewesen. Tannhäuser hatte für Ada unter Aufbringung seiner Kontakte an der Universität ein ausgedientes klatschmohnrotes Schlauchboot aufgetrieben, einen Teil der Gummihülle in Herzform ausgeschnitten und in einen Bilderrahmen gespannt. Das war sein Weihnachtsgeschenk für Ada in diesem Jahr. Sie schenkte Otto nichts.

Zweitausenddrei war ein Jahr, wie es makelloser nicht hätte sein können. Das befanden zumindest zwei Drittel der Bundesbürger. Otto Tannhäuser zählte dazu. Es war das Jahr der Kartoffel. Dresden stellte den Antrag, auf die Liste der Weltkulturerbe aufgenommen zu werden. Mit einer feierlichen Zeremonie wurden die sieben Glocken der Frauenkirche eingeweiht. Deutschland suchte den Superstar. Tannhäuser musste nichts mehr suchen. Er hatte gefunden und das, ohne gewusst zu haben, dass er gesucht hatte. Er blühte auf wie eine Agave. Unverhofft, nach langer Keimphase. Seine Liebe zu Ada hatte ihm seine Unauffälligkeit genommen, er wurde gesellig, leutselig, einnehmend und stark. Otto der Starke. Obgleich Ada ausgiebig in der Welt umherflog, befand sie sich stets an Tannhäusers Seite. Er ging seinen gewohnten Verrichtungen nach, als wäre Ada bei ihm und nicht weltverstreut. Weltverstreut in Russ-, Lett- oder Griechenland, Mexiko, Schweden, Äthiopien oder Großbritannien. Ihr berufsbedingtes Unterwegssein tat seinen alltäglichen Zuneigungsritualen keinen Abbruch. Er legte morgens seine schlafwarme Hand auf das kaltleere Bett neben sich und wünschte Ada *Guten Morgen.* Er brühte zwei Kaffees und stellte einen neben seine Tasse. Er deckte den Abendbrottisch im Wohnzimmer für Ada mit ein. Oneiros bekam edles Futter mit Wild, Kaninchen oder Kalb und im Wechsel dazu Köfte vom Döner-Point. Otto hatte einen Weidenkatzenkorb gekauft, der so teuer gewesen war wie eine halbe Wohnungsmiete, außerdem einen Katzenbrunnen mit Aktivkohlefilter sowie einen elektronischen Verdampfer für Katzenminzaroma. Oneiros begleitete Tannhäuser sogar zu seinen Vorlesungen, was der von Otto vermittelten Wissenschaft eine spleenige Lebendigkeit verlieh, die die Studenten reizte. Ottos Vorlesungen zur Differentialgeometrie waren bald so opulent besucht wie nie zuvor. Sein Spezialgebiet, eine Mischung aus Geometrie und Analysis, eine Wissenschaft der Flächen und Kurven, der Beschreibung geometrischer Flächen ohne Rückgriff auf den umgebenen Raum haftete in seinen Grundzügen etwas Trockenes, Verstaubtes an. Unter Zuhilfenahme von Oneiros' Körper gelang es Tannhäuser Krümmungen so anschaulich zu beschreiben, dass im Hörsaal Jahrmarktstimmung herrschte. Unter Zuhilfenahme von Flugzeugbahnen gelang es Tannhäuser, komplexe geodätische Mechanismen anschaulich zu beschreiben. Und während er beschrieb und beschrieb, strebten seine Gedankenbahnen ungebremst einem Punkt am Horizont zu. Ada. Von hinten wie von vorne.

Sogar Ottos bisherig wenige bis kaum vorhandene Sozialkontakte mehrten sich. Also kam es, dass an seinem vierzigsten Geburtstag drei Kollegen aus der Universität und Said Hakimi in seiner Wohnung zusammenkamen. Es herrschte ein wenig Jahrmarktsstimmung.

Heiner Pietsch, ein schmerbauchiger Wirtschaftsmathematiker, biss in eine Gözleme, kaute, nickte lobend und fragte: »*Wo ist sie denn nun, deine Ada?*«

Tannhäuser schaute auf seine Armbanduhr und erwiderte mit noch gesenktem Kopf: »*Sie sollte bald kommen. Der Flieger aus Riga ist vor zwei Stunden in Leipzig/Halle gelandet.*«

»*Bin echt gespannt*«, Pietsch biss erneut in seine Gözleme und heftete seine Augen auf das klatschmohnrote Schlauchbootherzbild. »*Die muss ja eine Wucht sein. Aber dieser Kitsch hier und dieses Katzenklimbim … Ich weiß nicht, so weit würde ich nicht gehen, da kann die Frau wer weiß wie heiß sein.*«

Die zwei anderen Kollegen, ein junger Medieninformatiker und ein älterer Maschinenbauer, zwei Mal Stefan, hielten fassungslos beim Kauen inne. Oneiros fauchte fuchtig, drehte sich um, verschwand aus dem Zimmer und Otto fühlte sich bestätigt in seiner jahrelangen Tendenz zur Sozialaskese.

Kurz vor zweiundzwanzig Uhr war nur noch Said da. »*Ich muss jetzt auch los. Wann kommt Ada zurück? Hatte der Flug Verspätung?*«

Tannhäuser zuckte mit den Achseln und räumte die Reste des Buffets gedankenverloren in den Kühlschrank. Als er eine halbe Stunde später geduscht und zähnegeputzt im Bett lag und fast schon vierzig Jahre und einen Tag alt war, hörte er, dass die Wohnungstür aufgeschlossen wurde. Ada.

Noch in ihrer klassisch zeitlosen Uniform, legte sie sich hinter Tannhäuser ins Bett, drückte sich an seinen Rücken und umarmte ihn. »*Alles Gute. Ich komme zu spät, entschuldige.*«

»*Hauptsache, du bist bei mir*«, entgegnete Otto und war umgehend eingeschlafen.

2004

Es waren die ermäßigten Flugticketpreise, die Ada und Otto im Mai in die spanische Hauptstadt führten. Sie verbrachten eine Woche in einem Dreisternehotel an der Puerta del Sol, bestaunten Kunstwerke von Velázquez, Goya und Rembrandt im Prado, stöberten auf dem Rastro, entspannten sich im Retiro und passierten genau in dem Moment, in dem sich das gerade vermählte Königspaar auf dem Balkon zeigte, den Palacio Real.

»*Dieses Kleid*«, hob Ada an. »*Dieses schlichtelegante, in gebrochenem Weiß gehaltene Kleid, eine viereinhalb Meter lange Schleppe, ein Traum. Ist das nicht zauberhaft?*«

Otto nickte. Das wirkte, als würde er sich in keinster Weise für Brautkleider interessieren. Aber das stimmte nicht. Ein Entschluss war in Tannhäuser erblüht. Ein Entschluss, der schon lange Zeit sich ausgebreitet hatte, war in diesem Moment zur Welt gekommen. Während Felipe Juan Pablo Alfonso de Todos los Santos de Borbón y Grecia und Letizia Ortiz Rocasolano das größte gesellschaftliche Ereignis Europas seit der Hochzeit von Charles und Diana vor dreiundzwanzig Jahren bewinkten, wusste Tannhäuser, dass er um Adas Hand anhalten würde.

Ein Heiratsantrag ist weit von Eindeutigkeiten auf Personalausweisen entfernt. Das wurde ihm rasch klar. Zwar gab es die Parameter: besondere Situation, Frage und Ring, aber das war es auch schon. Im zweiten Halbjahr zweitausendvier verloren Ottos Vorlesungen ein wenig an Anziehungskraft für den akademischen Nachwuchs. Ihre spleenige Lebendigkeit erlosch, da Tannhäuser die ganze Zeit das Für und Wider der geforderten, besonderen Situation abwägte. Nach Sichtung der schier unendlichen Möglichkeiten, die er im Internet finden konnte, waren drei besondere Situationen übrig geblieben, die er für den Antrag in Betracht zog. Restaurant. Picknick. Sternenhimmel.

»*Welche nehme ich nun?*«, fragte Otto eines Tages Oneiros. Er breitete drei Zettel mit den jeweiligen besonderen Situationen auf dem Wohnzimmerteppich aus. Als der Kater sich auf den Sternenhimmelzettel setzte, war die Sache entschieden. Bei der Zeit des Antrags benötigte Tannhäuser keine Hilfe, die Zeit lag auf der Hand. Weihnachten. Da sie in diesem Jahr Heiligabend bei Ottos Eltern im Erzgebirge verbringen wollten, hatte Ada ihren letzten Arbeitstag auf den zweiundzwanzigsten Dezember gelegt. Ein Mittwoch. Letzte Maschine aus Moskau. Antrag unter dem Flughafensternenhimmel.

Tannhäuser hatte alles akribisch geplant. Die Fahrt mit dem Zug vom Hauptbahnhof nach Leipzig nahm laut Plan sechsundsechzig Minuten in Anspruch, eine Fahrt, die ohne Verspätung gelang. Da Otto viel zu früh ankam, stieg er auf die Aussichtsterrasse über dem Verwaltungsgebäude, um sich einen Überblick zu verschaffen. Hier also arbeitete Ada. Warum war er sie nicht schon früher einmal besuchen gekommen? Das Treiben um ihn herum glich einem symmetrischen, am Reißbrett entworfenen Wespennest, mit vierundzwanzig Stunden Verkehr. Frachtund Linienflugzeuge, Lichter, Glas, Rollfelder. Otto kam nicht umhin, verschiedene Berechnungen über Start- und Landekurven vorzunehmen. Noch eine halbe Stunde. Er zog seine Mütze fester über die Ohren und tastete nach dem quaderförmigen Schächtelchen in seiner Manteltasche. Ein Ring aus dreihundertfünfundsiebziger Gold, mit Spannfassung und einem zierlichen Diamanten. Das Ganze in Prinzessinnenschliff, eine Anlehnung an den royalen Entschlussauslösemoment in Spanien. Seltsamerweise war der Flug aus Moskau auf der Fallblattanzeigetafel in der Abfertigungshalle nicht aufgeführt. Otto folgte kurzentschlossen einer Familie, die Russisch sprach, und fand sich tatsächlich vor dem Schalter der Lufthansa wieder. Erneut kein Hinweis auf eine Maschine aus Moskau. Und auch keine Ada.

»Entschuldigen Sie, ich suche eine Kollegin von Ihnen. Ich war mit ihr hier verabredet. Sie heißt Ada Draumur und sollte aus Moskau kommen.«

Nach einem langen Blick und einem noch längeren Zögern, tippte eine Frau etwas in ihren Computer. Und tippte und tippte und bestätigte auch nach dreimaligem Nachfragen: *»Es gibt keine Ada Draumur.«*

Zurück nach Dresden fuhr Otto im Taxi. Er hatte nicht die Energie, sich mit fremden Menschen in einen Zug zu setzen. Die einhundertfünfundneunzig Euro hatte er auch nicht, zumindest nicht in bar. Der Taxifahrer musste an einer Sparkasse halten, damit Otto ihn entlohnen konnte. Sicherlich ist sie zu Hause, wahrscheinlich haben wir uns verpasst, war es Tannhäuser die gesamte Fahrt zurück durch den Kopf gegangen. Er stürmte die Treppen zu seiner Wohnung hinauf. Nichts. Nur Oneiros war da.

Weihnachten verbrachte Otto allein. Seinen Eltern gegenüber fingierte er eine Gastroenteritis, stöpselte das Telefon aus und durchschnitt, in einem Schub ungebremster Frustration, den Klingeldraht. Auf Saids mehrmaliges Klopfen reagierte er nicht. Als Tannhäuser gegen Einbruch der Dunkelheit ein wohlbekannter Duft in die Nase stieg, öffnete er die Wohnungstür einen winzigen Spalt. Said hatte einen Dönerteller mit extra Zwiebeln und extrascharfer Soße sowie eine Schale Köfte hingestellt. Lächelnd nahm Otto den Teller hoch. Der Blick auf die Fußmatte wurde frei. Kopfüber stand da: *Wie schön, dass du da bist.* Tannhäuser kamen die Tränen.

2005

Tränengeschwollene Augen, pochende Schmerzen, dumpfer Nebel, ein glühender Eisball. Geräumige Trauer hatte von Otto Besitz ergriffen. Die Trauer war herausgeströmt aus den Wänden seiner Wohnung, aus den Seiten der Wälzer über Geometrie, Analysis, Algebra, Zahlentheorie, Topologie, Statistik, Wahrscheinlichkeitsrechnung. Sie war herausgeströmt aus den bedächtig schaukelnden Kastanienbaumkronen des Alaunparks, aus dem Gefieder der hyperaktiven Spatzen, sie war herausgeströmt aus den verwaisten Sitzbänken des Hörsaals mit seinem kartongrauen Boden. Von unten nach oben war die graue Trauer geströmt, vorbei an Tannhäusers unauffälligen Schuhen, seiner unauffälligen Hose, dem unauffälligen Hemd, dem unauffälligen Gesicht. Zuletzt hatte es sich in Tannhäusers Haaren eingerichtet. Straßenköterblond zu Kartongrau in einem Quartal. Otto war in die Unauffälligkeit der Vor-Ada-Zeit zurückgefallen. Man hatte ihm nahegelegt, seine Arbeit an der Universität eine Weile ruhen zu lassen. Da niemand ihm das explizit ins Gesicht zu sagen wagte, hatte man Heiner Pietsch damit beauftragt.

»Tja, diese Frauen, den trau ich nicht über den Weg, obwohl ich durchaus Angebote habe. Ich fand ja deine Ada schon immer seltsam. Aber einfach abhauen, das hast selbst du nicht verdient.«

Mit Beginn des Wintersemesters zweitausendfünf ließ sich Otto krankschreiben. ICD-10 Gruppe F99. Psychische Störung ohne nähere Angabe. Otto konnte sehr nahe Angaben über sein Leiden machen. Broken-Heart-Syndrome. Dieses gebrochene Herz hatte ihm inzwischen sieben Kilo genommen, und hätte sich Said nicht seiner Versorgung angenommen, noch mehr. Vielleicht auch alle. Und Oneiros? Um den kümmerte sich Tannhäuser hingebungsvoll wie eh und je. Das Essen, welches er sich versagte, gab er dem Kater, der an Gewicht zunahm und bald die Kilos, die Otto fehlten, unter seinem Leopardenfell für sich verbuchen konnte.

Seit seiner offiziellen Krankschreibung hatten fünf Studenten Tannhäuser geschrieben und sich nach seinem Verbleib erkundigt. Er hatte die Mails überflogen und gelöscht. *Sind Sie sicher, dass Sie die Nachrichten löschen wollen?*, erkundigte sich der Computer. Otto war sich sicher. Bei allem anderen in seinem Leben hingegen war er sich gar nicht mehr sicher. Die Fragen, die sich in Otto versammelten, waren ebenso fünf an der Zahl.

1) War Ada etwas zugestoßen?

2) Warum kannte bei der Fluggesellschaft niemand ihren Namen?

3) Hat sie mich jemals geliebt?

4) Was mache ich mit dem Ring?

5) Wird Weihnachten jemals wieder zauberhaft werden?

2005 bis 2011

Als in der SUPERillu Festtagsmenüs empfohlen und *Weihnachten mit Frank* in der HÖRZU angekündigt wurden, saß Tannhäuser im Döner-Point und zerpflückte eine Papierserviette.

Said stellte die Stühle auf die Tische. »*Wer lange*

sinnt, beginnt nicht, und wer nicht beginnt, gewinnt nicht.«

»Wie bitte?«

»*Arabisches Sprichwort. Ich glaube, bei euch heißt es: Es gibt nichts Gutes, außer man tut es.*«

Plötzlich bedurfte es keiner weiteren Erklärung. Es war eindeutig, es war mathematisch. Das war die Lösung für die Jakobianische Vermutung und das Oberwolfach-Problem zusammen. Außerdem gab es einen eindeutigen Geometriebezug. Ada war geflogen, sie hatte Flugbahnen zurückgelegt und Bahnen ließen sich berechnen. Warum hatte er das nicht eher erkannt? Warum hatte er sich mit den Fragen gequält? Er würde sie suchen und, das war das Wichtigste, er würde sie finden. Ada war weltverstreut unterwegs gewesen. Otto hoffte, dass sie, wenn er ihren Spuren folgte, sich ihm zeigen, sie auftauchen, sie wieder in sein Leben hereinfließen würde. Er nahm sich vor, jedes Jahr eines der Länder zu besuchen, in denen Ada am häufigsten gewesen war. Sieben waren es an der Zahl. Und da man Katzen sieben Leben nachsagt, befand er die Sieben als eindeutig und logisch richtige Zahl. Wann er in das jeweilige Land fahren wollte, stand für ihn ebenfalls fest: zu Weihnachten. Als er diesen Entschluss gefasst hatte, ärgerte er sich, dass er den Ring mit dem Prinzessinnenschliff in die Elbe geworfen hatte. Die Elbe, diese miese Verräterin.

Am übernächsten Tag saß Tannhäuser in der ersten Maschine nach Moskau, der Stadt, in der Ada zuletzt gewesen war. Tageshöchsttemperatur minus siebzehn Grad. Nicht bedacht hatte Otto, dass in Russland Weihnachten erst am sechsten Januar gefeiert wird. So zog sich sein Aufenthalt in der Hauptstadt länger hin als geplant und verbrauchte einen großen Teil seiner finanziellen Rücklagen. Tannhäusers Hotel lag nahe der Moskwa. Man richtete für die internationalen Gäste ein traditionelles Weihnachtsmahl aus. Sobald der erste Stern am Himmel stand, wurden zwölf Gerichte serviert, für jeden Apostel eins. Kutja, Gans, Kulebjak, Hering im Pelzmantel, Apfelkuchen, Borschtsch, Eier, Olivie, Pelmeni, Wareniki, Schaschlik, Manti. Tannhäuser schmeckte nichts davon, was der Tatsache zum Vorwurf gemacht werden konnte, dass er keine Spur von Ada gefunden hatte. Als der Weihnachtsgottesdienst aus der Erlöserkirche live im Fernsehen übertragen wurde, hatte er bereits seinen Koffer gepackt und machte sich auf den Weg zum Domodedowo-Flughafen. In Dresden zurück holte Tannhäuser den Kater bei Said ab. Er ließ sich kaum ein Wort über seinen Moskauaufenthalt entlocken. Das Sprechen übernahmen seine trübbraunen Augen.

Zweitausendsechs verbrachte Tannhäuser Weihnachten in Riga. Tageshöchsttemperatur minus drei Grad.

Er stieg in einer Pension am Okkupationsmuseum ab und durchforstete die lettische Hansestadt drei Tage lang zu Fuß. Dabei sah er Strohsterne, getrocknete Blumen, Sauerkraut und Schweineköpfe in den Auslagen der Geschäfte. An der Straßenkreuzung vor dem Freilichtmuseum stürmte eine wilde Horde Kinder und Erwachsene vorbei. Sie trugen Wollmützen, an die Ziegenohren, Teufelsgesichter, Hasennasen oder Katzenohren genäht waren. Am Ende der Horde trottete ein großer brauner Bär. Und Ada? Nichts. Den zweiten Feiertag dieses Jahres verbrachte Otto bei seinen Eltern im Erzgebirge, und als die ihren Sohn erblickten, wagten sie nicht zu fragen, wie die Reise nach Lettland verlaufen war.

Zweitausendsieben stand Griechenland auf Ottos Ada-Suchliste. Da er in Hauptstädten bisher keinen Erfolg gehabt hatte, entschied er sich für Korfu. Tageshöchsttemperatur zwölf Grad.

Mit Lichterketten geschmückte Schiffe, Kalikatzari, schwarzbehaarte Wesen, halb Mensch halb Ziege, kamen nachts aus ihren dunklen Verstecken und drangen in die Häuser ein. Auch in Ottos Pension. Die Kalikatzari fraßen die Weihnachtskekse und zermatschten das Essen. Das war zu viel für Otto. Die Restbestände seiner körperlichen, namentlichen und soziologischen Weihnachtsliebe wollte er sich nicht kaputtmachen lassen. Und auch, dass er von Ada nicht die kleinste Spur fand, veranlasste ihn, noch an Heiligabend abzureisen.

Die nächsten Suchbestrebungen unternahm Tannhäuser nur der mathematischen Vollständigkeit halber und in treuer Verbundenheit zu einmal gefällten Entscheidungen.

Zweitausendacht. Mexiko-Stadt. Dreiundzwanzig Grad. Fiesta. Piñata. Pink. Blau. Truthahn. Nichts. Zweitausendneun. Addis Abeba. Zweiundzwanzig Grad. Doro Wat. Sauerteigbrot. Weiße Gewänder. Kerzen. Trommeln. Rhythmische Tänze. Nichts.

Zweitausendzehn. Stockholm. Zwei Grad. Eingelegter Hering. Wild. Glögg. Hausgeister. Geschenke durchs Fenster. Nichts.

Zweitausendelf. London. Sieben Grad. Queen. Mistelzweige. Truthahn. Plumpudding. Nichts.

In diesem Jahr stand bei Ottos Rückkehr Said am Flughafen. Das war bisher noch nie vorgekommen und verhieß nichts Gutes.

Said fragte nicht, wie Ottos siebente Reise verlaufen war. Er sagte nur. »*Oneiros ist verschwunden. Ich habe ihn überall gesucht. Nichts.*«

Tannhäuser sackte auf dem kalten Flughafenboden zusammen, seinen suchmüden Rücken lehnte er gegen die Wand. Mit dem Verschwinden des Katers war die Sinnlosigkeit der Suche nach Ada besiegelt worden. Konnte es Zufall sein, dass er ausgerechnet nach der siebenten Reise verschwunden war? Gab es überhaupt Zufälle? Was kam eigentlich nach den sieben Leben einer Katze? Der Tod?

»*Jetzt ist er seinem Namen gerecht geworden.*«

Tannhäuser sah Said von unten an. »*Was meinst du damit?*«

»*Oneiros, der Gott des Traumes. Es gibt sogar eine Krankheit, bei der Menschen ihr Erleben als Traumgeschehen wahrnehmen. Das fühlt sich für sie an, als würden sie aus einer anderen Welt kommen.*«

Otto überlegte, woher Said das alles wusste, aber die Kälte des Flughafenfußbodens, die durch seine Hose drückte, hielt ihn davon ab, nachzufragen.

2012

Ende des Jahres hatte er zu seinem alten Ich zurückgefunden. Man muss sich Otto Tannhäuser immer noch als einen unauffälligen Mann unschätzbaren Alters vorstellen. Er hätte fünfundzwanzig sein können oder fünfundfünfzig. Sein Ausweis legte ihn mittlerweile auf neunundvierzig Jahre fest. Körpergröße, Augenfarbe, Geburts- und Wohnort waren unverändert geblieben. Tannhäuser kehrte dreimal wöchentlich in den Döner-Point im Parterre seines Hauses ein und aß immer dasselbe: einen Döner mit extra

Zwiebeln und extrascharfer Soße. Sein Personalausweisfoto, mittlerweile ein neues, zeigte immer noch ein ovales Gesicht mit feiner Nase, vollen Lippen, markigen Augenbrauen und einem Standardherrenschnitt. Derweil aber in Kartongrau. Damit war er ein Stückchen näher an das Konterfei Augusts des Starken gerückt, zumindest haarfarbentechnisch. Unverändert war Ottos beherrschtes, bescheidenes und beschauliches Naturell. Den Riss, den Ada in Otto hinterlassen hatte, konnte man dem Personalausweisfoto nicht entnehmen. Nach wie vor war Otto eine ausgedehnte Schwäche für logische Definitionen anhand abstrakter Strukturen sowie die Tendenz zu wenigen bis keinen Sozialkontakten eigen. Das, was sich verändert hatte, war seine einstige Weihnachtsschwärmerei. Weihnachten war für ihn gestorben.

Mit der Verwaltung einigte er sich, zum Sommersemester zweitausenddreizehn zurück in die Universität zu kommen. Und ansonsten? Ansonsten entsorgte er alles, was mit Ada zu tun oder ihr gehört hatte. Die Reiseführer, die Kleidungsstücke, das Schlauchbootbild, Oneiros' Weidenkorb, den Katzenbrunnen mit Aktivkohlefilter, den elektronischen Verdampfer für Katzenminzaroma. Nur die Frank-Schöbel-Platte überlebte. Den erinnerungsschweren Rest brachte Tannhäuser zum Werkstoffhof in der Johannstadt.

Die Tonne unten auf dem Hof war ihm zu unsicher für das Wegzuwerfende und er sich seiner selbst zu unsicher. Er fürchtete, alles wieder in die Wohnung zu tragen, noch bevor die Müllabfuhr kommen würde. Otto hatte nun wieder seine Bücherregale und seinen Kleiderschrank mit all seinen Schubladen für sich. Mit dem Für-sich-Haben fühlte er sich wieder vollständig. Er hatte es geschafft. Er war geheilt. Er war über Ada hinweg.

Das Jahr neigte sich seinem Ende entgegen. Gemeinsam mit den anderen Dresdnern machte Tannhäuser sich über den diesjährigen spärlichen und schiefen Weihnachtsbaum auf dem Striezelmarkt lustig. *Schandfichte. Nadelkrüppel. Schiefer Baum von Dresden.* Ottos Liebe zur Logik jubilierte. Weihnachten war gestorben.

Der vierundzwanzigste Dezember zeichnete sich als der wärmste Heiligabend seit Beginn der Wetteraufzeichnungen aus. Die Tageshöchsttemperatur in München betrug zwanzig Komma sieben Grad. Der nächste logische Beweis. Weihnachten war gestorben. Trotz allem kam Tannhäuser nicht umhin, am Vormittag die Frank-Schöbel-Platte aufzulegen. Bei dem Lied *Kling, Glöckchen, kling* klingelte es.

Vor Tannhäusers Tür stand eine Frau. Ihr Gesicht war unübertrefflich symmetrisch, ihr blondes Haar ausnahmslos glatt, ihre Augen ungeschmälert blau, ihr Körper normgerecht. »*Guten Tag, Dr. Tannhäuser. Es tut mir leid, dass ich störe, wahrscheinlich ist es sogar übergriffig.*«

Otto wich einen Schritt zurück.

»*Mein Name ist Nathalie Neufang. Dr. Pietsch hat mir Ihre Adresse gegeben*«, fuhr sie mit durchgehend klarer Stimme fort. »*Ich habe vor ein paar Jahren Ihre Vorlesungen zur Differentialgeometrie besucht. Die mit den Katzengleichnissen und den Flugzeuganalogien. Sie haben mich inspiriert, Sie haben meine Liebe zur Mathematik zur Blüte gebracht. Zum Blühen wie eine Agave.*«

Die Nadel verhakte sich in einer Schallplattenrille. *Kling.* Kling. Kling. Kling.

»*Nun, ich wollte promovieren und suche einen Doktorvater. Ich hatte Ihnen eine Mail geschrieben, und da Sie nicht reagiert haben, bin ich jetzt persönlich hier.*«

»*Am Heiligabend?*«

»*Der Zeitpunkt ist unpassend, aber ich bin in der Stadt, um mit meinen Eltern Weihnachten zu feiern. Das ist mein Lieblingsfest, müssen Sie wissen.*«

In diesem Augenblick nahm Tannhäuser einen Schemen aus dem Augenwinkel wahr. Er drehte den Kopf nach links und sah, dass Oneiros die Treppe heraufgelaufen war. Er kam die Treppe hinauf, als würde er von einer kurzen Erledigung zurückkehren. Gemütlich, gemächlich, bedächtig, leoparden-

gleich. Zaghaft wandte sich Otto an die Studentin:
»*Frau Neufang, würde es Ihnen etwas ausmachen, wenn
Sie mich mal kneifen?*«

Patricia Paweletz
Die Ballerina

Ich höre Schritte im Treppenhaus. Leise, zarte Schritte, im gleichmäßigen Rhythmus, tänzelnd fast und doch bestimmt.

Zielgerichtet wie eine Ballerina, die in federndem Gang auf ihre Position zueilt, von der aus sie die Bühne betritt. Ich kenne diese Ballerina gut und doch ist sie mir fremd. Noch weniger weiß ich, wie die Bühne aussieht, die sie betritt, wenn die schwere Haustür hinter ihr ins Schloss gefallen ist.

Tanzt sie in einem Ensemble, ein klassisches Stück oder ein modernes? Hat sie ein Solo, oder gibt es sogar ein Duett mit einem Tänzer, der sie in die Lüfte hebt und über seinem Kopf balanciert, während sie die Beine streckt und ihre rechte Fußspitze in den Bühnenhimmel ragt?

Ich habe nicht die leiseste Ahnung, wie das Stück endet, tanzt sie jeden Tag ein neues oder immer dasselbe?

Das Einzige, was ich sicher weiß, ist ihr Nachname. Der jedoch passt nicht zu ihrem elfenhaften Gang, zu ihrer eleganten Erscheinung. Auf dem Klingelschild, das so lange ein leeres weißes Blatt war, steht nun in geschwungenen Buchstaben *Geier.* Die Klingel gehört zu der Wohnung im ersten Stock auf der rechten Seite. Ich wohne im Erdgeschoss, das etwas erhöht ist, ebenfalls auf der rechten Seite. Damals sagte man Beletage. Damals, als ich mit meiner Frau Lotte hier eingezogen bin. Damals ist ein dehnbarer Begriff. Wir waren sehr jung damals, gerade verheiratet. In diesem Fall liegt damals schon fast fünfzig Jahre zurück.

Lotte hatte die Wohnung sofort gefallen.

Der herrschaftliche Eingangsbereich des Hauses, das an einer Allee liegt, in deren Mitte auch heute noch zwei Reihen mächtiger Buchen stehen, dazwischen ein kleiner Weg, auf dem die Bewohner der umliegenden Häuser ihre Hunde ausführen. Die großen Flügeltüren, die die vorderen beiden Zimmer miteinander verbinden. Oben in den Türen sind bunte Glasscheiben eingelassen, die liebte Lotte besonders. Das lackierte Eichenparkett, die altweißen Kacheln mit türkisfarbenem Muster entlockten ihr bei der Wohnungsbegehung entzückte Laute.

»Das wird unser Schlafzimmer, mit Blick in den Garten«, rief sie mir zu. Daneben war noch ein Raum, dessen Glastür auf die Terrasse führte. Das wurde später das Kinderzimmer. Roman öffnete, kaum war er groß genug, um den Griff zu erreichen, die Ter rassentür und stapfte die paar Stufen hinab in den Garten, der zum Haus gehört. Einige andere Kinder spielten dort ebenfalls, gemeinsam mit den Nachbarn hatten wir eine Schaukel angeschafft und ein Klettergerüst. Die Schaukel steht noch dort, manchmal sehe ich die Enkel von Dietrichs, die gegenüber wohnen, hin- und herschwingen. Inzwischen müsste die Sitzplatte morsch sein, vierzig Jahre Wind und Wetter haben ihr sicher zugesetzt. Die ehemals hellen Seile sind fast schwarz.

Als Roman auszog und zu studieren begann, stellten wir den Holztisch aus der Küche in das Gartenzimmer. Dort aßen wir zu Abend, gemeinsam, mit Freunden, und schauten in den Abendhimmel. Das Zimmer zeigt nach Westen, und da der Garten lang und schmal ist und nur auf der linken Seite ein Baum steht, eine alte Birke, kann man von hier aus den Himmel sehen. Lotte liebte den Abendhimmel. Oft setzte sie sich auf die Terrasse, um ihn anzuschauen. Das ganze Jahr über, wenn es kalt war, hüllte sie sich in Wolldecken und legte Filzkissen in den Korbsessel. Oft ging ich dann abends nach vorn in mein Arbeitszimmer, wo ich auch jetzt sitze. Mein Schreibtisch steht in einem Wintergarten, der vom Wohnzimmer abgeht. Im Winter ist es natürlich kalt hier vorn, aber ich habe Teppich ausgelegt und einen kleinen Radiator neben meinem Schreibtisch stehen. Er macht viel Wind und die Seiten der offenen Bücher blättern von allein hin und her. Manchmal beginnt es angebrannt zu riechen, dann schalte ich ihn aus. Als Lotte starb, entschloss ich mich zu bleiben. Auch wenn die Wohnung für mich eigentlich zu groß ist. Viel zu groß. Doch die Vorstellung, sämtliche Regale abzubauen und die Bücher zu verstauen, hat mich abgehalten. Zudem ist die Miete bezahlbar, noch. Manchmal zieht es durch die Terrassentür, die Spüle in der Küche und die Einrichtung im Bad sind nicht mehr zeitgemäß, aber das kümmert mich nicht. Ich freue mich, wenn ich die kleinen runden rosafarbenen Engel beim Duschen sehe, die Lotte an die Badezimmerwand gemalt hat. Da war Roman noch im Kindergarten.

»Die passen immer auf uns auf, was auch geschieht«, hat sie ihm gesagt. Vielleicht hat er sich deshalb oft stundenlang im Bad eingeschlossen, wenn es in der Schule nicht gut lief. Vielleicht.

Wenn Kunden kommen, sind sie angetan von den schönen Räumen. Ich denke, die kostbaren alten Bücher kaufen sie möglicherweise eher, wenn der Rahmen stimmt. Inzwischen werden die meisten Bücher übers Internet bestellt, und ich gehe regelmäßig auf Märkte und Messen.

Ich stehe neben dem Schreibtisch und schaue aus dem Fenster. Die kleine Nachtigall, wie ich die Ballerina auch heimlich nenne, hat gerade die Straße überquert und eilt auf dem Weg zwischen den Bäumen in Richtung Stadt. Einen runden dunkelroten Hut trägt sie heute, und ihr Mantel fällt wie eine Glocke um ihren Körper. Lange, ebenfalls dunkelrote Stiefel hat sie an. Ihr Alter lässt sich schwer schätzen, aber sie geht noch zur Arbeit. Das hat sie mir beim Einzug erzählt. Die Haustür war aufgestellt gewesen, so dass es den ganzen Tag unter den Türritzen meiner Wohnung zog. Mehrere Männer schleppten Sessel, Sofa, Matratze, Tische und Stühle herein. Ich schaute ihnen lange von der Veranda aus zu. Eigentlich hätte ich Bücher listen sollen, doch mein Computer war kaputt. So sah ich die Ballerina zum ersten Mal auf dem Weg zum Haus, und schon bei ihrem Anblick von fern wurde mir warm ums Herz. Das klingt merkwürdig, und merkwürdig fühlte es sich auch an. Lange, sicher seit Lottes Tod, hatte ich so ein Gefühl nicht mehr gehabt. Es war auch nicht vergleichbar mit dem, was ich empfunden hatte, als ich die seltene Büchner-Ausgabe mit Goldschnitt in den Händen hielt, die mir ein Händler aus Sachsen angeboten hatte. Beim Durchblättern des ersten Bandes durchströmte mich ein Glücksgefühl, wie damals, als ich mit fünfundzwanzig Jahren beschloss, meine Leidenschaft für alte Bücher zu meinem Beruf zu machen. Allein die Präsenz der wunderbaren Ausgaben, die meine Zimmerwände und die Flure säumen, macht mich froh. Meine Bücher trösteten mich auch

die ersten Jahre nach Lottes Tod. Als die Leere besonders groß war, wie ein Loch, das drohte mich zu ver-
schlingen. Die Stille, die ich sonst so geliebt hatte,
wenn sie hinten auf der Terrasse saß und ich vorne
arbeitete, wurde plötzlich schmerzhaft laut.

Vom Tag des Einzugs an vernahm ich täglich diese
Schritte im Treppenhaus. Morgens gegen neun Uhr
und abends gegen sechs. Allein sie zu hören machte
mir Freude. Eine Woche später klingelte es plötzlich
an der Tür. Sie wollte sich vorstellen. Sie freue sich,
in dieses schöne Haus eingezogen zu sein, und vielleicht könne man ja mal gemeinsam einen Tee trinken. Ich sah die Falten um ihre blauen Augen, die zar-
ten Furchen über ihren roséfarbenen Lippen, durch
ihr kastanienbraunes Haar zogen sich graue Sträh-
nen. Leider war ich nicht in der Lage zu reagieren,
als sie mir die Hand reichte. Ich bot ihr nicht an ein-
zutreten, ich schlug keinen Termin vor, an dem wir
Tee trinken könnten, mir hatte es buchstäblich die
Sprache verschlagen. In meinem Kopf schwirrte es,
und mir fiel kein ganzer Satz ein. Als sie ihre Hand
zurückzog, ließ ich los, nickte und lächelte. Mehr
nicht. Sie lächelte zurück, nein, sie strahlte, dann
drehte sie sich um und flog die Treppe hinauf. Nachtigall, dachte ich, sie ist eine Nachtigall.

Gerade schlägt die Kirchturmuhr neunmal, sie ist pünktlich heute, sehr pünktlich, und ich gehe in die Küche, um den Wasserkessel aufzusetzen. Ich weiß nicht, warum ich danach ins Esszimmer gehe, es gibt keinen Grund, aber irgendwie zieht es mich dorthin. Ich schaue hinaus und sehe am Ende des Gartens die gegenüberliegenden Häuser. Wenn das letzte Laub gefallen ist, gibt es keinen Sichtschutz mehr.

Selbst die Blätter der Rotbuchenhecke, die sich so tapfer am Geäst festhalten, bis sie im Frühling von den durchschießenden neuen Blättern verdrängt werden, sind im Dezember durchscheinend. Der Himmel ist grau, keine Wolkenkontur auszumachen, geschweige denn ein blaues Stück sichtbar.

Ich vernehme einen Laut, ein Geräusch, das mich an Romans Eisenbahn denken lässt. An das Quietschen der Schienen, wenn er den Regler ganz hochschob und sein Modelleisenbahnzug über die Platte schoss. Das Quietschen reißt nicht ab, es wird lauter. Ich trete an die Terrassentür, halte das Ohr an die Scheibe. Wie auf einem Kindergeburtstag komme ich mir vor, beim Topfschlagen, warm, wärmer, noch wärmer, rufen die anderen, gleich hast du es, und ich krieche mit dem Holzlöffel in der Hand orientierungslos in der Gegend herum.

Ein Krähenschwarm fliegt vorbei, das Quietschen hält an. Ich stecke den Schlüssel in den Griff und schließe die Terrassentür auf. Schaue in den Garten, während an meinen Beinen blitzschnell etwas vorbeischießt ins Zimmer. Mist, das wird hoffentlich keine ausgehungerte Ratte sein. Ich lehne die Tür an und eile zum Flur. Wo ist das Viech hingelaufen? Sicher in die Küche, die riechen den richtigen Weg sofort. Kein Kalt, Warm, Wärmer wie beim Topfschlagen, immer sofort ganz heiß.

Vorsichtig setze ich einen Fuß vor den anderen, schleiche mich an, will es nicht erschrecken, aber fangen. Küchentür zu, eine Falle, vielleicht einen Kammerjäger holen, raus, weg damit, aus meinen vier Wänden, egal wohin, Hauptsache weg. Vielleicht ist es auch ein Marder oder ein Kaninchen? Egal, ein Eindringling, weg damit. Die Tür ist zu, ich stehe in der Küche. Gefangen, wir beide. Doch ich will es sehen, mit eigenen Augen. Was da wagt, meine Schwelle zu übertreten. Das ist mir in fünfzig Jahren nicht passiert, dass irgendwer oder irgendetwas ungefragt Einlass gefunden hat. Roman hat seine Freunde immer angekündigt und vorgestellt, auch die Mädels. Waren alle willkommen, nett die meisten, auch gut erzogen. Immer eine Begrüßung und ein ordentlicher Abschied, Hände schütteln und in die Augen schauen, so wie wir es unserem Sohn beigebracht haben. Wem oder was muss ich jetzt in die Augen schauen?

Kein Geräusch, kein Hecheln, kein Atmen. Aus der

Schublade nehme ich die Taschenlampe und beuge mich unter die Küchenbank. Da sitzt etwas, ganz still. Und aufrecht. Die Augen starren mich an. Sie sind gelb, mit einem schwarzen Schlitz in der Mitte. Und der Rest? Zerzaustes Fell, gemustert irgendwie. Erst jetzt bemerke ich auf dem Kachelboden eine dunkle Spur. Blut. Herrje. Es ist kein Ungeziefer und kein Wildtier. Das Tier ist verletzt, ein Haustier, das sich verirrt hat. Ich knie mich auf den Boden, um zu sehen, ob er schwer verletzt ist, mein ungebetener Gast, und versorgt werden muss.

Wir hatten keine Haustiere damals, auch nicht, als Roman uns löcherte, weil er einen Hund wollte. Unbedingt. Ein halbes Jahr lang weinte er jeden Abend, Lotte war weich geworden, ich nicht. Ich wollte nichts um uns herumwuseln haben, Schmutz machend und Lärm, das einem die Möbel zerstört, die Haare vom Kopf frisst und nicht schlafen lässt. Hund, Katze, Maus, egal, alles braucht Zeit, Geld, Hingabe und Aufmerksamkeit, und die sollte er in andere Dinge stecken, in die Schule, in seinen Sport, in die Fotografie. War ja auch richtig gewesen. Inzwischen ist er ein begehrter Reportage-Fotograf, für seine Arbeit reist er um die halbe Welt.

Und nun sitzt hier eine zerzauste, verängstigte, entstellte Katze.

Eine Katze hätte mir damals übrigens am ehesten gelegen, wegen der Unabhängigkeit, der Eigenart, dem Freiheitsdrang. Roman aber wollte nur einen Hund, groß, klein, mini – egal, ein Tier, das bellte und mit dem Schwanz wedelte, das spazieren geführt werden wollte und einem nicht von der Seite wich. So sind wir nicht ins Geschäft gekommen und irgendwann waren ihm seine Freunde auch wichtiger als ein Hund, und vor allem seine Freundinnen.

Ich beuge mich vor und es faucht. Eine Pfote mit ausgestreckten Krallen fährt mir entgegen. Noch mal. Mein Gott, ich tu dir doch nichts, ich will dir helfen.

Nach einer Viertelstunde leisen Zuredens gebe ich auf. Ich stelle einen Topf mit Milch auf den Gasherd, nehme eine Schale aus dem Schrank und fülle die warme Milch ein. Es klingelt. Ich stelle die Schale auf den Boden, schließe die Küchentür und drücke den Summer. Es ist der Paketbote. »Die letzte Lieferung vor Weihnachten. Wird schon mächtig kalt draußen, vielleicht kriegen wir ja diesmal weiße Weihnacht.«

»Ja«, sage ich, unterschreibe und nehme die schwere Kiste entgegen. Das müsste der Goethe sein, Hamburger Ausgabe, mein Jahrgang, ist wieder beliebt. Hat eine Kundin bestellt für ihren Sohn. Am Heiligabend wird er vierundzwanzig, sie wollte was Besonderes für ihn, er studiert Geschichte und Germanistik. Prachtvolle Ausgabe unterm Baum, kleine

Wertanlage. Es gibt noch Menschen mit gutem Geschmack.

Sofort öffne ich das Paket, hole die Bücher hervor, staube sie vorsichtig ab und gehe sie einzeln durch. Makel, Flecken, Schäden im Einband? Dann schalte ich den Computer ein, mache die Rechnung fertig und aktualisiere die Bestell-Liste. Die Kirchturmglocke ertönt, ich komme nicht dazu, die Schläge zu zählen, ist es elf oder zwölf? Mein Magen knurrt. Mein Gott, das Tier in der Küche habe ich ja ganz vergessen. Als ich die Türklinke herunterdrücke, huscht es unter die Bank, in die dunkle Ecke. Die Milchschale ist leer, dafür eine Lache von Blut direkt daneben. Jetzt muss gehandelt werden, sonst gibt es an Weihnachten Katzenbraten. Lotte hat meinen schwarzen Humor nicht immer geschätzt, jetzt wäre sie empört.

Ist ja gut, Mischka, das wollen wir ja auch verhindern, dann musst du aber mitspielen, sonst wird es kein frohes Fest, wie es aussieht. Mir fällt ein, dass Carla Dietrich von nebenan mit ihren alten Möpsen mir helfen könnte. Roman und ich haben immer zweideutige Witze über sie und ihre Möpse gemacht, auch das hat Lotte nicht lustig gefunden, na ja. Alt und schwach sind sie inzwischen, die Möpse, es sind Zwillinge, der eine ist blind, der andere taub. Von Carla besorge ich mir die Nummer ihres Tierarztes. Sie will mitkommen und mir helfen, die

Katze einzufangen, aber ich lehne dankend ab. Das Körbchen mit Gittertür, das sie mir für den Transport in die Hand drückt, nehme ich allerdings gern an mich. Es grenzt an ein Kunststück, das verschreckte Tier in dieses Behältnis zu locken, eine halbe Stunde später schließe ich verschwitzt die kleine Gittertür. Dann angele ich meinen Mantel von der Garderobe und eile mit dem Körbchen zur Tür.

Nachdem die Tierärztin das Ohr des Katers genäht hat, ich muss den Rufnamen jetzt wohl in Mischa statt Mischka ändern, und seine Wunden an Brust und Pfoten gesäubert hat, wendet sie sich mir zu. »Das war offensichtlich ein schwerer Kampf, den der junge Herr da ausgefochten hat, mit einem Gegner, der ihm weit überlegen war. Er ist eben kein Wildkater, sondern ein kleines Hauskätzchen. Sie sollten ihn auf keinen Fall mehr rauslassen, er ist einfach nicht an das Leben draußen gewöhnt. Kümmern Sie sich gut um ihn, Salbe schreibe ich ihnen auf, und geben Sie ihm Kraftfutter, er ist ja noch im Wachstum. Ihnen hat er in seiner Panik ja ganz schön zugesetzt. Soll ich die Kratzspuren mit etwas Jod desinfizieren? Ich hoffe, Sie sind gegen Tetanus geimpft? Das sollte jeder Tierbesitzer tun, man weiß ja nie, was die Lieblinge manchmal so antreibt. Er wird sicher wieder zahm, sobald die Schmerzen nachlassen. Zwischen den Jahren bin ich im Urlaub, ich möchte den jungen Herrn im neuen Jahr noch einmal sehen, bitte.«

Ich nicke und bezahle die Rechnung, ohne mit der Wimper zu zucken. Von der Assistentin lasse ich mir noch eine Packung Kraftfutter mitgeben.

Deshalb trägt er kein Halsband und keine Marke, er ist seinem Besitzer entwischt. Wie soll ich ihn unter diesen Umständen jemals ausfindig machen? Oder wurde Mischa einfach ausgesetzt? Das passiert doch meist erst nach den Feiertagen. Vielleicht war er als Überraschung für ein Kind gedacht? Nun, erst mal kommt er wieder mit und wird gesund gepflegt, dann sehen wir weiter. Heute ist der 21. Dezember, es hat noch etwas Zeit, damit sein Besitzer nicht unglücklich allein unterm Baum sitzen muss.

Die erste Nacht mit Mischa verläuft ruhig. Ich lasse die Küchentür geschlossen, eine Schale mit Futter, eine mit Milch stehen auf dem Boden.

Neben die Bank habe ich eine Wolldecke gelegt, und die Filzkissen, die Lotte immer auf der Veranda benutzt hat.

Ob sich ihr Geruch über die Jahre darin gehalten hat? Offenbar haben sie eine gute Ausstrahlung, denn als ich am Morgen in die Küche schlurfe, liegt der Kleine eingekringelt auf den Kissen. Er hebt den Kopf, als ich eintrete, legt ihn aber gleich wieder ab, als ob es ihm schwerfiele, ihn oben zu halten. Ich setze Wasser auf und esse ein Schwarzbrot mit Honig. Dann schaue ich auf die Uhr. Acht Uhr sieben. Noch genug Zeit für eine Dusche, bevor die Nachtigall durchs Haus fliegt. Heute wasche ich mir die Haare und überlege beim Abtrocknen erstaunt, wieso ich keinen Schmerz empfunden habe, als der kleine Mischa mir beim Einfangen die Hände zerkratzt hat. Bis zu der Tierärztin hatte ich nichts Außergewöhnliches bemerkt.

Nach dem Rasieren ziehe ich mich an und gehe nach vorn. Ein paar Pakete muss ich noch zur Post bringen, der Goethe wird heute abgeholt und muss ebenfalls verstaut werden.

Um zehn vor neun höre ich ihre Schritte. Ich bleibe im Flur stehen und lausche. Plötzlich wird es still. Ich halte die Luft an. Ich bin mir sicher, dass sie im Treppenhaus stehengeblieben ist und sich nun meiner Tür zuwendet. In diesem Moment bin ich der Held im Topfschlagen, ich brauche keinen Löffel, um den Schatz auszumachen, mit verbundenen Augen spüre ich seine unmittelbare Nähe, ding dong. Wusste ich es doch! Augenblicklich erstarre ich zur Statue. Wie ferngesteuert hebe ich die Hand und drücke die Klinke. Als sich die Tür öffnet, bin ich im ersten Augenblick wie geblendet. Ihre Haare leuchten heute feuerrot, keine einzige graue Strähne schimmert durch, die blauen Augen sind schwarz umrandet, die Lippen glänzen. Sie ist wunderschön, wie eine Märchenprinzessin. Ihre Kleidung bemerke ich nicht, schaue nur in ihr zartes, helles Gesicht.

»Herr Meisner, ich bin verzweifelt. Mein junger Kater, den ich vor drei Wochen gekauft habe, ist verschwunden. Er ist mir aus der Wohnung entwischt. Ich dachte, vielleicht ist er durch den Keller in den Garten rausgelaufen. Sollte er vor Ihrer Tür stehen, nehmen Sie ihn bitte an sich, oder geben Sie mir bitte Bescheid, wenn Sie ihn sehen? Ich mache mir solche Sorgen um ihn. Dennoch muss ich jetzt zur Arbeit. Gerade jetzt vor Weihnachten haben wir in der Bäckerei viel zu tun. Gestern habe ich schon Zettel in der Straße aufgehängt. Denken Sie an mich, Herr Meisner? Ach ja, er ist grauweiß getigert und hat gelbgrüne Augen. Ich muss jetzt zur Arbeit. Vielleicht schauen Sie einmal für mich in den Garten? Ich wäre Ihnen so dankbar.«

Sie wendet sich ab, ohne dass ich einen Ton von mir gegeben habe, und schwebt davon, die Haustür fällt ins Schloss. Ich will ihr nachrufen, nachlaufen, sie aufhalten, in den Arm nehmen, ein ganzer Film spult sich vor meinen Augen ab, immer noch stehe ich unbewegt da. Dann schüttle ich den Kopf und gehe in mein Arbeitszimmer. Ihre Stimme, die ich wie helle Glocken in Erinnerung hatte, war rau gewesen, fast tief. Zu tief für eine Ballerina, aber sie verkauft ja auch Brot und Kuchen, anstatt über die Bühne zu schweben. Oder sie backt feine Torten. Jedenfalls steht sie mit beiden Beinen auf dem Boden, anstatt in Spitzenschuhen auf ihren Partner mit unbekleidetem Oberkörper und viel zu eng anliegender Hose zuzuschweben und ihm in die Arme zu springen. Ich atme auf. Als ich den Karton für den Goethe hervorhole, ist er merkwürdig schwer. Die Bände liegen doch auf dem Präsentiertisch. Ich klappe die Seiten hoch und sehe ein kleines eingerolltes Fellbündel, höre feine Laute, die an eine schnurrende Säge erinnern, Mischa hat sich eingerichtet.

Was ist Recht und was ist Unrecht? Wer befindet über Moral, wer darüber, wie weit man gehen darf, um etwas zu erreichen, was dem persönlichen Wohl zuträglich ist, anderen dabei aber abträglich? Was ist eine kleine Lüge, was eine große, ist Schweigen überhaupt Lügen?

Ist Warten eine Tat? Sogar eine Straftat?

Ich jedenfalls kann warten. Und schweigen. Das habe ich nicht erst gelernt, seit ich allein lebe. Drei Tage lang warte ich. Genauer gesagt, dreieinhalb. In dieser Zeit schweige ich nicht nur, ich spreche ausgiebig mit Mischa. Die Fragen, die ich mir stelle, stelle ich auch ihm. Sie scheinen ihn nicht zu beunruhigen. Am Abend des zweiten Tages, am 23. Dezember, kommt er sogar aus dem Karton und streicht um meine Beine. Ich sitze auf meinem Lehnstuhl und sehe zum Fenster hinaus. Wieder gibt er das schnurrende Geräusch von sich, diesmal lauter. Irgendwann bücke ich mich zu ihm. Er lässt sich hochnehmen und richtet sich auf meinem Schoß ein. Als ich ihm vorsichtig über den Kopf streiche, schließt er die Augen. Wir beide hören die Haustür ins Schloss fallen und gleich darauf die tänzelnden Schritte.

»Es war die Nachtigall und nicht die Lerche«, raune ich ihm zu, als die Schritte im Treppenhaus verhallen.

Mischas Augen bleiben geschlossen, und sein Schnurren ist in ein gleichmäßiges Schnarchen übergegangen.

Am nächsten Tag, am Weihnachtstag, regnet es schon in der Frühe. Die Tropfen, die an das Schlafzimmerfenster prasseln, wecken mich. Zu meinen Füßen liegt ein kleines warmes Fellbündel, ich lasse meinen Kopf in das Kissen zurücksinken. Katzenglück statt Katzenbraten.

Für meine Nachtigall aber bedeutet es sicher furchtbaren Katzenjammer. Obwohl es im Bett sehr gemütlich ist, stehe ich auf, es gibt noch einiges vorzubereiten. Wie sie es angekündigt hatte, fliegt die Nachtigall auch heute um neun Uhr aus dem Haus. Wenig später eile ich die Treppen hinunter, schultere den letzten kleinen Tannenbaum, der am Ende der Allee verkauft wird, hole Kartoffeln und einen roten Weihnachtsstern in der Gärtnerei hinter der Kirche. Zwei Becher Sahne und Reibekäse für das

Gratin, es wird ein fleischloses Weihnachtsfest werden dieses Jahr. Inzwischen hat sich der Regen in dicke feuchte Flocken verwandelt, die schwer auf meinen Schultern und auf meiner Mütze liegen bleiben.

Durchnässt und schwer beladen komme ich zu Hause an, Mischa steht schon hinter der Tür, als ich aufschließe. Sind ja doch nicht viel anders als Hunde, diese Viecher, ich bilde mir sogar ein, dass er mit dem Schwanz wedelt.

Der kleine Baum ist schon geschmückt. Seit Romans Auszug hat hier kein Weihnachtsbaum mehr gestanden, Lotte mochte die Nadeln nicht. Das Kartoffelgratin steht geschichtet im Ofen, als ich die Haustür um halb drei zuklappen höre. Sie geht mit schwereren Schritten als sonst die Treppe hinauf, sie scheint es nicht eilig zu haben. Ist das wirklich die kleine Nachtigall? Über mir wird die Tür aufgeschlossen, die Dielen knarzen, und der Leuchter an der Flurdecke bewegt sich leicht. Ich gebe ihr und mir noch eine Stunde. Dann ziehe ich mein graues Jackett über und stecke das dunkelgrüne Tüchlein in die Brusttasche. Ich räuspere mich, während ich die Treppe hinaufsteige.

Sie sieht frisch geduscht und frisiert aus, ihre Haare fallen lockig auf ihre Schultern. Ihre Augen sind etwas farblos, die Lippen wirken blass, vielleicht ist sie noch ungeschminkt.

»Herr Meisner, was für eine Überraschung«, sagt sie mit rauer Stimme.

»Ich habe eine Überraschung für Sie, Frau Nachtigall, würden Sie mir folgen?«

Sie bricht in Gelächter aus und hält sich schnell die Hand vor den Mund, erst da bemerke ich meinen Fauxpas.

»Das klingt einladend und ist eine hübsche Umbenennung, das merke ich mir. Konditorei Nachtigall klingt appetitlicher als Geier, oder? Warten Sie, ich hole nur ein paar Schuhe, dann komme ich.«

Als ich die Wohnungstür aufschließe, kommt uns niemand entgegen, keiner wedelt mit dem Schwanz oder blinzelt mit gelbgrünen Augen. Ich gehe in die Küche, nichts, ins Gartenzimmer, nichts, das Bett im Schlafzimmer ist leer, im Arbeitszimmer steht alles wie gehabt.

»Tja, was soll ich sagen, es war eben noch da.«

»Wissen Sie, Herr Meisner, ich hole ein paar Stückchen Torte aus dem Laden herunter. Was meinen Sie? Vielleicht finden Sie inzwischen, was Sie suchen.«

Sie verschwindet leichtfüßig nach oben, und ich reibe mir die Augen. Bin ich bei Sinnen? Bilde ich mir irgendetwas ein? Gibt es vielleicht in meinem eintönigen Dasein weder kuschelige Kätzchen noch elfenhafte Nachbarinnen?

Hat der jahrhundertealte Staub der unzähligen

Bücher mich schon der Realität entrissen und ins Reich der Phantasie entführt?

Ich setze mich in meinen Lehnstuhl und schließe die Augen. Plötzlich höre ich etwas im Karton unter dem Schreibtisch rascheln. Im selben Moment fällt die Tür ins Schloss und die Nachtigall steht mit einer herrlichen Schokoladentorte vor mir. Ich weiß nicht, wer sich am meisten erschreckt, Mischa oder die Nachtigall, oder ich, als sie die Tortenplatte fallen lässt.

Einem unerwarteten Besucher wie dem Paketboten, dem Weihnachtsmann, dem Gerichtsvollzieher oder meinem geliebten Sohn, der doch lieber, statt in Nordafrika Bilder zu schießen, seinen alten Vater besuchen wollte, böte sich in diesem Augenblick folgende Szene:

Eine wunderschöne, rothaarige, in die Jahre gekommene Elfe kniet auf dem Boden und streichelt eine Katze, der ein halbes Ohr fehlt und deren Fell nass ist von Tränen der Wiedersehensfreude, während ein grauhaariger Mann mit dichtem Schnurrbart neben ihr Schokoladentorte mit Rotweinkirschen mit den Fingern vom Boden isst, bis sein Bart ganz braun wird. Plötzlich erhebt sich die glückliche Fee, legt ihre Alabasterarme um den wuchtigen Männerleib und herzt den Mann auf beide Wangen. Die Katze rennt davon, versteckt sich unter der Küchenbank, von wo beide sie auf Knien hervorlocken wollen, während aus dem Ofen Rauchwolken ziehen.

Christiane Lind
Weihnachtspunsch und Weihnachtskater

Alle Jahre wieder schmückte Frau Buchecker den Garten mit ihrer Weihnachtsdekoration. Sie zog die Lichterketten aus der grünen Schachtel und wickelte sie in Schleifen um die Äste der Nordmanntanne am Gartentor. Sie staubte den kniehohen Weihnachtsmann ab und setzte ihn auf den Schlitten, der von vier Rentieren gezogen wurde. Vorher prüfte sie, ob die Nase des ersten Rentiers in unregelmäßigen Abständen rot aufblinkte. Abschließend verteilte sie Gartenzwerge in Weihnachtsmannkostümen zwischen den Beeten und baute im Schutz des Schuppens eine wetterfeste Krippe auf.

Danach widmete sie sich dem Haus. In die Fenster stellte sie abwechselnd Lichterbögen und weihnachtliche Leuchtfiguren. Nur das große Wohnzimmerfenster dekorierte sie mit bunten Fensterbildern, damit kein Lichterblinken abends beim Fernsehen störte. Zum guten Schluss wickelte Frau Buchecker eine weiße Leuchtgirlande um den großen Ficus benjamini im Wohnzimmer.

»Liebling, findest du nicht, dass wir schon genug Beleuchtung haben?«, merkte ihr Mann Stefan zaghaft an. »Denk an die Stromkosten.«

»Nur noch diese Lichterkette – dann reicht's. Und nun rauf mit dir auf die Leiter!«, antwortete Frau Buchecker. »Schau dir nur an, was die Nachbarn aufgefahren haben.«

Obwohl Herr Buchecker den Kopf schüttelte, stieg er ohne weiteren Protest auf die Trittleiter und hängte die Girlande über den Nagel, den er vor zwei Jahren extra für diesen Zweck eingeschlagen hatte.

Am Heiligen Abend betrachtete Frau Buchecker ihr Werk und sah, dass es gut war. Nicht zu viel und nicht zu wenig. Nicht so grellbunt wie bei den Nachbarn zur Linken, deren Gartendekoration sie an einen Jahrmarkt erinnerte. Aber auch nicht so unweihnachtlich wie bei den Nachbarn zur Rechten, die nur einen schlichten Leuchtstern an die Haustür gehängt hatten.

Nur etwas Kunstschnee fehlte noch auf den Blautannen, dann wäre die weihnachtliche Stimmung perfekt. Mit kundiger Hand verteilte Frau Buchecker die weißen Flocken. Wenn das Wetter nicht mitspielte, musste sie eben selbst für weihnachtliche Stimmung sorgen.

»Perfekt.« Sie schoss ein Erinnerungsfoto, rieb sich mit den Händen über die Oberarme und eilte die

Treppe hinauf. Auch wenn kein Schnee lag, war es empfindlich kalt geworden.

Im Haus zündete sie die Teelichter auf den Lichterbögen an, wischte über die Fensterbilder und warf einen prüfenden Blick auf die Krippe und den Christbaum. Alles wirkte perfekt wie jedes Jahr. Und doch schien etwas zu fehlen ...

Wie es die Tradition verlangte, gingen Frau Buchecker und ihr Mann in die Kirche. Ihr Sohn weigerte sich standhaft, sie zu begleiten – wie schon in den vergangenen vier Jahren.

Nach dem Gottesdienst setzte sich die Familie an den großen Esszimmertisch und speiste, wie es die Tradition verlangte, Kartoffelsalat und Würstchen.

Herr Buchecker legte eine CD mit weihnachtlichen Liedern auf, während Frau Buchecker die vier roten Kerzen auf dem Adventskranz anzündete. Und nach dem Essen fand, wie es die Tradition verlangte, die Bescherung statt.

»Danke«, sagte ihr Sohn, als Frau Buchecker ihm den Umschlag mit Geld überreichte. »Frohe Weihnachten.«

»Frohe Weihnachten, Liebes.« Herr Buchecker überreichte seiner Frau ein professionell verpacktes und mit einer goldenen Schleife und einem Engelchen versehenes Präsent. Und ein zweites, auf dem der Werbeaufdruck der Buchhandlung prangte.

»Danke schön. Auch dir frohe Weihnachten.« Frau

Buchecker holte die Krawatte in dem geschmackvollen dunkelroten Kästchen und das Sachbuch – Nummer 18 auf der aktuellen Bestsellerliste – unter dem Weihnachtsbaum hervor. »Wenn es dir nicht gefällt, habe ich die Quittung aufgehoben. Nach den Feiertagen kannst du es umtauschen.«

Sie setzten sich, packten die Geschenke aus und jeder bedankte sich ein weiteres Mal. Frau Buchecker wartete noch einen Moment, bevor sie das Geschenkpapier aufsammelte. Die guten Bögen strich sie glatt, faltete sie und verstaute sie in einer Schublade. Die zerrissenen Verpackungen legte sie zum Altpapier neben die Kellertreppe.

Herr Buchecker holte sich die Zeitung, die er noch nicht gelesen hatte, und blätterte sie eilig durch. Ihr Sohn suchte auf den bunten Tellern nach Marzipankartoffeln und aß alle auf. Frau Buchecker setzte sich aufs Sofa und legte die Beine hoch.

»Schau mal.« Herr Buchecker hielt seiner Ehefrau die Zeitung hin. »Ein Bericht aus dem Tierheim. Zwei Kater namens Max und Moritz suchen ein Zuhause.«

»Wie jedes Jahr. Beinahe eine Weihnachtstradition«, antwortete sie, während sie nach ihrer Lesebrille suchte. »Die hoffen wohl auf Spenden zur Weihnachtszeit.«

»Der arme Kerl hier hat wirklich ein trauriges Schicksal gehabt.« Herr Buchecker tippte mit dem

Finger auf ein Schwarz-Weiß-Bild von einem dicklichen grauen Kater, der griesgrämig in die Kamera starrte. »Vielleicht sollten wir ...?«

»Ach, mein Lieber, bitte keine Katze.« Seufzend legte Frau Buchecker die Lesebrille zurück auf den Tisch. »Die machen nur Schmutz. Außerdem bringen sie tote Mäuse ins Haus. Und sie fangen Singvögel.«

»Ich hab mir immer ein Haustier gewünscht«, mischte sich ihr Sohn ein, der die ganze Zeit Nachrichten auf seinem Smartphone geschrieben hatte. »Ein Hund wär mir zwar lieber, aber eine Katze ist besser als nichts. Gib mal, bitte.« Er streckte die Hand nach der Zeitung aus.

»Du wohnst aber nicht mehr lange hier«, erwiderte Frau Buchecker kopfschüttelnd. Warum hatte ihr Mann bloß davon anfangen müssen? »Willst du die Katze etwa mit zum Studieren nehmen?«

Ihr Sohn brummelte etwas, dann tippte er weiter auf sein Handy ein.

»Schalt bitte den Fernseher ein. Ich möchte die Weihnachtsansprache hören«, sagte Herr Buchecker. Damit war das Thema Haustiere wieder vom Tisch.

Den gesamten ersten Weihnachtstag verbrachte Frau Buchecker in der Küche. Zwar gab es nur ein leichtes Mittagessen, doch das Abendessen erforderte ihre gesamte Zeit und Kochkunst – wie jedes Jahr. Kurz nach sechs versammelte sich die Familie zum Weihnachtsmahl. Sieben Gänge tischte Frau Buchecker ihren Lieben auf. Vom Krabbencocktail über den Gänsebraten bis zur Mousse au Chocolat war ihr alles wunderbar gelungen. Nach einer gesprächslosen Viertelstunde erinnerten nur noch Saucen- und Rotkohlflecken auf der Tischdecke an die Pracht.

»Möchte jemand einen Espresso?«, fragte Frau Buchecker, nachdem sie das Geschirr abgeräumt hatte. »Oder etwas Weihnachtspunsch?«

»Nee, danke. Bin verabredet.« Ihr Sohn sprang auf. »War superlecker, aber ganz schön viel. Tschüss! Wartet nicht auf mich.«

»Soll ich dir helfen, Schatz?«, fragte Herr Buchecker wie jedes Jahr und gähnte hinter vorgehaltener Hand.

»Nein, lass gut sein.« Frau Buchecker nickte ihm zu, wie jedes Jahr. »Das schaffe ich schon.«

Frau Buchecker spritzte etwas Spülmittel in den Gänsebräter und ließ heißes Wasser hineinlaufen. Anschließend öffnete sie die Spülmaschine und räumte Teller, Besteck und Gläser hinein, nachdem sie alles kurz vorgespült hatte. Mit Hilfe eines Topfkratzers beseitigte sie die Fettreste aus dem Bräter und ließ ihn abtropfen. Während der Arbeit wanderten ihre Gedanken. Warum nur war sie dieses Weihnachten so unzufrieden? Das Essen war ihr ausnehmend gut gelungen, die Geschenke dienten der Zufriedenheit aller, aber in diesem Jahr wollte die richtige Weihnachtsstimmung nicht aufkommen ...

Aus dem Wohnzimmer ertönten der Fernseher und das leise Schnarchen ihres Mannes. Frau Buchecker trocknete den Bräter ab, bevor sie ihn in die hinterste Ecke des Küchenschranks stellte, wo er ein weiteres Jahr auf seinen Einsatz warten würde. Sie schaute aus dem Küchenfenster. Endlich. Nun hatte es doch noch begonnen zu schneien.

Nachdem sie die Reste des Festessens in das Eisfach geräumt hatte, setzte sich Frau Buchecker einen Moment auf die Außentreppe. Die Pracht der Gartendekoration kam durch den Schnee bezaubernd zur Geltung. Auch dieses Jahr überstrahlte der Lichterglanz ihres Baums den aller anderen. Aber trotzdem ... Tränen stiegen ihr in die Augen. Rasch blinzelte sie die Traurigkeit weg und erhob sich, um in die Wärme des Hauses zurückzugehen.

»Was suchst du?«, fragte plötzlich eine Stimme scheinbar aus dem Nichts. »Warum heulst du?«

Überrascht hielt sie inne. »Ich heule nicht. Ich weine nur ein bisschen«, antwortete Frau Buchecker. Sie schaute sich suchend um. Hatte es einen der Nachbarn ebenfalls in den ersten Schnee hinausgetrieben? Den Witwer von nebenan etwa, der seit dem Tod seiner Frau kaum noch mit jemandem sprach? Doch sie entdeckte nur einen dicken grauen Kater, den jemand in ein Weihnachtsmannkostüm gezwängt hatte. Er beknabberte eines seiner vier Nikolausstiefelchen.

»Miez, Miez, Miez«, lockte sie das Tier an, das ihr vage bekannt vorkam. »Na, du siehst ja niedlich aus.«

»Dämlich trifft es wohl eher!«, schnaubte der Kater und schüttelte die Pfote, an der das Stiefelchen schlenkerte. »Ganz zu schweigen davon, dass ›Miez‹ kaum die passende Anrede für mich ist.«

»Warst du das?« Ungläubig starrte Frau Buchecker den Graugetigerten an. Als Kind hatte sie geglaubt, dass Tiere an Weihnachten sprechen können, aber das war vierzig Jahre her. Zum Abendessen hatte sie sich nur ein Glas Weihnachtspunsch gegönnt – daran konnte es also beim besten Willen nicht liegen. »Hast du mit mir gesprochen?«

»Sehen Sie sonst noch jemanden?«, maulte der Kater. Frau Buchecker konnte ihn kaum verstehen, da er mit dem Maul an dem Stiefelchen zerrte.

»Mit vollem Mund spricht man nicht«, ermahnte sie ihn.

»Entschuldigung! Wenn man Sie in so törichte Klamotten gezwungen hätte, würden Sie auch versuchen, das Zeug so schnell wie möglich loszuwerden.« Mittlerweile hatte der Kater drei Pfoten befreit. Nun wurschtelte er sich das rote Mäntelchen mit der weißen Borte über den Kopf.

»Wer bist du? Warum kannst du sprechen?« Frau

Buchecker legte zwei Finger an die Seiten ihres Schädels. Sie fühlte eine Migräne aufsteigen. »Können Weihnachten wirklich alle Tiere reden?«

»Keine Ahnung.« Der Kater legte den Kopf schief, was wohl einem Schulterzucken entsprach. »Ich bin ein hart arbeitender Weihnachtsgeist in Katzengestalt, der am Heiligen Abend Weihnachtsfreude verbreitet. Aber nur, wenn Sie wollen! Wenn nicht, mach ich jetzt Feierabend.«

»Ein Weihnachtskater?«, fragte Frau Buchecker mit piepsender Stimme. Hatte sie etwa zu viel Arrak in den Punsch gegeben? Sie spürte ein hysterisches Kichern in sich aufsteigen. »Weihnachtsfreude? Durch einen Kater?«

»Was dagegen?« Der Graue starrte sie aus seinen gelben Augen an. »Wir hätten Ihnen auch ein Reh schicken können oder einen Kobold. Aber die erregen meist zu viel Aufsehen.«

Frau Buchecker nickte, als wäre es selbstverständlich, dass sprechende Kater weniger auffielen als Kobolde. Moment mal, Kobolde? Doch dann forderte ein anderer Gedanke ihre Aufmerksamkeit.

»Nur zu deiner Information, *Weihnachtskater*: Heiligabend war gestern«, schnappte sie zurück. »Du bist glatt einen Tag zu spät.«

»Als ob ich das nicht wüsste. Auf dem Weg zu Ihnen wurde ich von einem kleinen Monster drei Häuser weiter gekidnappt. Glauben Sie etwa, ich habe freiwillig das blöde Kostüm angezogen?« In Erinnerung an das Erlebte kniff der Graue die Augen zusammen. »Erst heute konnte ich mich aus der Gewalt des Kindes befreien. Bekomme ich jetzt endlich eine Entscheidung?«

»Entschuldige, habe ich etwas verpasst?« Fragend musterte Frau Buchecker den Kater, der inzwischen alle Kostümteile ausgezogen und in ihren ordentlichen Garten geschleudert hatte. »Was für eine Entscheidung?«

Sie widerstand mühsam dem Drang, das Mäntelchen von ihrer Nordmanntanne zu pflücken.

»Ob ich Ihnen den Geist der Weihnacht nahebringen soll«, seufzte der Kater theatralisch und zuckte nervös mit dem Schwanz. »Also nicht mich, sondern die Idee von Weihnachten.«

»Moment mal.« Sie runzelte die Stirn. »Waren das in der Geschichte von Charles Dickens nicht drei Geister: der Geist der vergangenen, der aktuellen und der zukünftigen Weihnacht?«

Sichtlich verlegen setzte der Grautiger sich hin und begann, sich mit der rechten Pfote das Gesicht zu putzen. Er befeuchtete mit seiner rosafarbene Zunge die Pfote, bevor er diese ausgiebig hinter dem Ohr entlangzog. Und noch einmal. Und noch einmal.

Frau Buchecker beobachtete ihn und sagte kein Wort. Die Strategie, jemanden durch Schweigen zum Sprechen zu bringen, hatte sie in zwanzig Jahren

Ehe und achtzehn Jahren Mutterschaft perfektioniert. Der Kater hatte keine Chance.

»Personalknappheit«, flüsterte er schließlich, nachdem er wirklich jeden Zentimeter seines Kopfes gesäubert hatte. »Rationalisierungsmaßnahmen, Sie verstehen.«

»Personalknappheit?«, echote Frau Buchecker. Nur mit Mühe konnte sie sich ein Grinsen verkneifen. »Bei Weihnachtsgeistern?«

»Alle müssen sparen.« Der Kater schaute angestrengt gen Himmel, als befände sich dort die Lösung aller Fragen. »Aber Sie wollen nicht ernsthaft über die Einsatzstrategien des Obersten Weihnachtswesens diskutieren?«

Oberstes Weihnachtswesen. Das wurde ja immer schöner. Frau Buchecker schüttelte den Kopf. Da erlaubte sich bestimmt einer ihrer Freunde einen Spaß mit ihr. Sie hätte gerne gewusst, wie derjenige es hinbekommen hatte, dass der Kater so lebensecht wirkte. Aber nun, dann wollte sie mal gute Miene zu dem albernen Spiel machen.

»Also, was ist? Wollen Sie dem Grundgedanken des Festes nachspüren oder nicht?« Erneut zuckte der Kater mit dem Schwanz, was Frau Buchecker an ihren Sohn erinnerte, wenn er ungeduldig mit den Fingern trommelte.

»Was muss ich tun?« Falls es sich nicht um einen blöden Witz handelte, wollte Frau Buchecker lieber wissen, worauf sie sich einließ. »Willst du dafür meine Seele haben?«

»Wie kommen Sie denn auf solche Ideen?« Der Graue schüttelte sich so heftig, dass sein Bauch von einer Seite zur anderen wackelte. »Sie müssen mir nur folgen. Keiner wird merken, dass Sie weg waren.«

»Was habe ich zu verlieren?«, seufzte Frau Buchecker. Ihre Knie knackten, als sie aufstand. »Warte bitte kurz. Ich muss mir etwas Passendes anziehen.«

Sie ging zurück ins Haus. Kurz überlegte sie, ob sie ihren Mann wecken und ihm alles erzählen sollte. Ach was, es würde sich schon eine Erklärung für den sprechenden Kater finden. Da musste sie ihren Gatten nicht behelligen.

Einige Minuten später kehrte sie zurück auf die Treppe, angekleidet mit Stiefeln, Jacke und Handschuhen. Schließlich konnte sie ja nicht wissen, ob der Graue sie an den Nordpol führen würde.

»Da bin ich wieder. Bitte schön, für dich.« Mit der rechten Hand hielt sie ihm ein Stück Gans hin. Er stürzte sich mit einer Schnelligkeit darauf, die sie dem dicken Kerlchen gar nicht zugetraut hätte. Mit zwei Happsen verschwand das Fleisch in seinem Magen.

»Danke schön. Sehr lecker.« Der Kater nickte ihr zu. »Jetzt setzen Sie sich, entspannen sich – bitte – und schließen die Augen.«

Frau Buchecker überlegte noch, ob sie wirklich einem Stubentiger ihr Weihnachtsfest anvertrauen wollte, als er bereits maunzte: »Sie können wieder gucken!«

Mit hochgezogenen Augenbrauen schaute sie sich um. »Wo sind wir?«

Sie saß immer noch auf einer Treppe, aber diese war aus Holz, nicht aus Beton wie die an ihrem Haus. Und das Haus, zu dem die Treppe führte, war nicht ihres, sondern eins, das sich noch im Bau befand. »Wo hast du mich hingebracht?«

»Nicht wohin, sondern in welche Zeit«, antwortete der Kater. Mit hoch erhobenem Kopf und steil in die Höhe gerecktem Schwanz stapfte er ihr voran durch den Schnee. Ab und zu blieb er stehen und schüttelte sich die Schneeflocken von den Pfoten. Frau Buchecker konnte sich seinen angeekelten Gesichtsausdruck gut vorstellen. Anscheinend schätzten auch Weihnachtsgeister in Katzengestalt Nässe nicht besonders.

»Folgen Sie mir unauffällig«, forderte er sie auf.

Frau Buchecker unterdrückte ein Lachen und ging dem Getigerten nach. Er führte sie zu einem Häuschen, das dringend einen Anstrich benötigte. Es war ihr Elternhaus, wie sie auf den zweiten Blick erkannte. So, wie es vor dreißig, nein, sogar vor vierzig Jahren ausgesehen hatte. Verwirrt rieb sie sich die Augen, schloss und öffnete sie wieder und schüttelte dann den Kopf. Aber das Haus blieb, wie es war, im Bau befindlich und irgendwie gemütlich. Bevor sie den Kater danach fragen konnte, hörte sie jemanden ihren Namen rufen.

»Sibylle, hey, Sibylle.«

Suchend schaute Frau Buchecker sich um. Auch jetzt war kein Mensch zu sehen; nur der alte Hund lag vor seiner Hütte. Sie lächelte, als sie sich erinnerte. Als Kind hatte sie jedes Jahr am Heiligen Abend versucht, Waldmann ein paar Worte zu entlocken, doch er hatte beharrlich geschwiegen.

»Na, Waldmann, redest du dieses Jahr ausnahmsweise mit mir?«

»Was hätte ich dir damals sagen können? Kinder brauchen keine Ratschläge, sie leben einfach.« Der alte Hund hob den Kopf und blinzelte ihr zu. »Du hingegen …«

»Was rätst du mir heute, du lebenserfahrener Hund?«, fragte Frau Buchecker, nachdem sie den ersten Schrecken überwunden hatte.

»Erinnere dich.« Waldmann war anscheinend kein Hund vieler Worte. Er stand auf, riss das Maul zu einem Gähnen auf und streckte sich.

»Woran?« Inzwischen kam es Frau Buchecker nicht einmal mehr seltsam vor, dass sie sich mit einem Hund unterhielt, der zudem schon vor vielen Jahren in den Hundehimmel gegangen war.

»Warum wolltest du als Kind an Weihnachten mit

mir sprechen? Was bedeutete Weihnachten damals für dich?«

Frau Buchecker überlegte eine Weile. Weihnachten, das hieß Schnee, Aufregung wegen der Geschenke, essen mit der Familie, gemeinsames Schmücken des Baums. Sie schluckte. Vielleicht war ihre Erinnerung an die früheren Weihnachten einfach nur verklärt.

»Geh ins Haus«, sagte Waldmann, als hätte er ihre Gedanken gelesen. »Dort findest du Weihnachten.«

»Danke. Schön, dich noch einmal gesehen zu haben.« Frau Buchecker streichelte den Hund zum Abschied und wischte sich eine Träne aus den Augen. Dann drehte sie sich zum Kater um. Wie es die Tradition verlangte, hielt der Weihnachtsgeist einen Sicherheitsabstand zum Hund ein.

»Können wir weiter?«, fragte er. »Oder haben Sie dem Kläffer noch mehr zu erzählen?«

Als Frau Buchecker den Kopf schüttelte, führte der Kater sie ins Haus.

»Wird man uns nicht entdecken?«, flüsterte sie ihm zu.

»Wir sind Geister. Nur Tiere erkennen uns«, antwortete er. »Sie können ruhig näher hinsehen.«

Mit angehaltenem Atem und auf Zehenspitzen ging Frau Buchecker in Richtung der Stimmen, die aus dem Haus zu hören waren.

»Schreib meins auf. Bitte schreib meins auf«, quengelte ein Mädchen. An der Stimme und dem Gebettel erkannte Frau Buchecker ihre jüngere Schwester. Immer hatte Bianca die Erste sein wollen.

In der kleinen, engen Stube angekommen, erblickte Frau Buchecker die Familie um den großen Esstisch sitzend. Die Kinder schrieben Wunschzettel für den Weihnachtsmann. Mattis, ihr Bruder, streckte vor Anstrengung die Zungenspitze hervor, während er mit Buntstiften eine Autorennbahn zeichnete.

»Nun, Sibylle, was wünschst du dir?« Die Mutter lächelte dem Kind zu.

Frau Buchecker schluckte.

»Ein Pony, wie jedes Jahr«, flüsterte das Mädchen.

Frau Buchecker konnte kaum glauben, wie klein und zierlich sie einmal gewesen war. Und auf einmal erinnerte sie sich wieder: Als Kind hatte sie sich sehnlichst ein Haustier gewünscht. Am liebsten ein Pony, aber auch mit einer Katze wäre sie zufrieden gewesen. Waldmann hatte ihrem Vater gehört.

Tränen stiegen ihr in die Augen, die sie wegblinzelte, bevor sie sich weiter umsah.

Ein kleiner Baum stand in der Ecke. Er war etwas schief gewachsen, aber liebevoll mit roten Kugeln und silbernem Lametta dekoriert. Versteckt entdeckte Frau Buchecker das Plastikkrokodil, das ihr Bruder zwischen die Tannenzweige geschmuggelt hatte, so wie jedes Jahr.

Am großen Fenster, an dem sich Eisblumen bilde-
ten, klebten wie jedes Jahr die Krippenbilder. Ein
Weihnachten ohne die Krippenbilder wäre kein Weihnachten gewesen. Am ersten Advent holte ihr Vater
sie immer vom Dachboden, und gemeinsam hängte
die Familie die Figuren ins Fenster.

Frau Buchecker erinnerte sich wieder an den
Nachmittag, an dem sie mit ihrer Mutter und den
Geschwistern die Figuren aus fester Pappe ausgeschnitten und mit Buntpapier beklebt hatte. Wie
sehr sie die schlichten alten Bilder liebte. Sie spürte
einen Kloß im Hals und schniefte. Der Kater strich
um ihre Beine, als wollte er sie trösten.

Frau Buchecker lächelte ihm zu, dann richtete
sie ihre Aufmerksamkeit wieder auf die Weihnachts-
vorbereitungen. Sorgfältig falteten die Kinder ihre
Wunschlisten zusammen. Die Mutter öffnete das
Fenster und legte die Zettel auf die Fensterbank. Leise rieselte der Schnee herab und bedeckte das Papier.

»Mutti, bist du sicher, dass der Weihnachtsmann
unsere Wünsche finden wird?«, fragte Bianca, die
Stimmer voller Sorge.

»Er ist doch der Weihnachtsmann und kennt sich
damit aus«, antwortete ihre Mutter. »Nun kommt,
lasst ihn seine Arbeit erledigen. Wenn ihr zuguckt,
kommt er nicht.« Damit scheuchte sie die Kinder in
die Küche und schloss die Tür zum Esszimmer.

Zur Feier des Tages gab es gebratenes Brot, bestreut mit Zucker. Der Duft der schmelzenden Süße stieg Frau Buchecker in die Nase. Nie wieder hatte etwas so lecker geschmeckt. Selbst Mousse au Chocolat verblasste dagegen. Wie hatte sie das nur vergessen können? Wann hatte sie gebratenes Brot das letzte Mal gegessen?

»Lecker. Können wir das Heiligabend wieder essen?«, bettelte Mattis.

»Weihnachten gibt es Kartoffelsalat«, gab Bianca kopfschüttelnd zurück und streckte ihrem Bruder heimlich die Zunge raus. »Wie jedes Jahr.«

Frau Buchecker lächelte, als ihr die Neckereien der Geschwister wieder einfielen. Heute schrieben sie sich zum Fest eine Karte und riefen einander zu den Geburtstagen an.

»Wir können gebratenes Brot *und* Kartoffelsalat essen.« Die Mutter strich Mattis durch die Haare. Dann zwinkerte sie Bianca zu. »Lass bloß den Weihnachtsmann nicht sehen, was du eben gemacht hast.«

»Kann er das sehen?«

Ganz bleich im Gesicht, schien das Mädchen den Tränen nah. »Bekomme ich jetzt nichts zu Weihnachten?«

»Ich denke, der Weihnachtsmann wird ein Auge zudrücken, wenn du die nächsten Tage besonders brav bist«, sagte die Mutter und lächelte ihr beschwichtigend zu.

»Du könntest abtrocknen«, mischte die kleine Sibylle sich ein. »Das freut den Weihnachtsmann bestimmt. Und ich muss es nicht machen.«

Ja, so musste Weihnachten sich anfühlen. Erneut blinzelte Frau Buchecker die Tränen zurück und wandte sich zum Kater um. Doch zu ihrer Überraschung stand sie wieder auf der Treppe ihres eigenen Heims.

»Danke schön. Wo geht es als Nächstes hin?«, fragte sie den Kater. »Welches Weihnachten zeigst du mir noch?«

»Sorry, aber mehr ist nicht im Angebot.« Er kratzte sich mit dem Hinterbein am Ohr. »Jeder bekommt nur das schönste Fest zu sehen und muss dann selbst entscheiden, was er daraus macht.«

»Das kann nicht sein. Später muss es mindestens genauso schöne Weihnachten gegeben haben!«, protestierte sie. »Mit meinem Mann und meinem Sohn!«

»War das wirklich so schön?«, erkundigte sich der Graue mit schräg gelegtem Kopf. »Verbinden Sie damit das gleiche Gefühl wie mit dieser Erinnerung?«

Frau Buchecker überlegte. Lange und gründlich. Sie erinnerte sich an die ersten Weihnachtsfeste mit ihrem Mann. Jedes Jahr waren die Schwiegereltern zu Besuch gekommen und hatten Gänsebraten und Geschenke erwartet. Jedes Jahr hatte sie versucht, das perfekte Fest zu organisieren, Jahrgänge von Frauenzeitschriften gewälzt und nur an die Menüfolge gedacht. Selbst als sie nur noch zu dritt waren, hatte sie das große Weihnachtsgeschehen beibehalten. »Die Familie will es so!« Frau Buchecker schob die Unterlippe vor und schaute den Kater mit zusammengekniffenen Augen an.

»Sind Sie sicher?« Abgelenkt jagte der Kater einer besonders großen Schneeflocke hinterher, die er mit einem Pfotenhieb erwischte. Frau Buchecker schwieg. Hatten ihr Mann und ihr Sohn je ein anerkennendes Wort für die Weihnachtsdekoration oder das Festmahl übrig gehabt? Hätten sich die beiden wirklich beschwert, wenn es weniger gegeben hätte?

»Aber das gehört doch zu Weihnachten – geschmückte Gärten, Dekoration, Geschenke und ein edles Essen«, verteidigte sie sich kleinlaut.

»Ach so!«, erwiderte der Kater gelangweilt und zeigte beim Gähnen die Zähne.

»Was weißt du schon – du bist nur eine Katze!«

Der Weihnachtsgeist funkelte sie an. »Ich kann auch als Yeti erscheinen, wenn Ihnen das lieber ist.«

»Es tut mir leid.« Leise begann Frau Buchecker zu weinen. »Du ... du hast wahrscheinlich recht, ich habe alles falsch gemacht.«

»Warum krieg ich immer die Heulsusen?«, seufzte der Graue. Tröstend strich er ihr erneut um die Beine. »Nun, nun, noch ist nicht alles verloren. Sie haben viele Weihnachten vor sich, an denen Sie es besser machen können.«

»Aber«, schniefte Frau Buchecker, »warum bist du erst jetzt gekommen? Warum nicht schon vor Jahren?«

»Sie waren nicht bereit. Ein dumpfes Unbehagen ruft keinen Weihnachtsgeist herbei. Da muss man schon sehr, sehr unglücklich sein.« Mit diesen Worten löste sich der Kater in Nebel auf.

»Halt! Bitte bleib, was soll ich denn tun?« Erschüttert rannte sie dem Graugetigerten nach, dabei rutschte sie aus und purzelte die Treppe runter.

»Schatz, Schatz, wach auf!«

Eine Hand rüttelte an ihrer Schulter. »Liebes, soll ich einen Krankenwagen rufen?«

Blinzelnd versuchte Frau Buchecker, sich aufzurichten.

»Autsch!« Sie fasste sich an den Hinterkopf, wo sie eine dicke Beule ertastete. Ihr Mann kniete vor ihr. »Du hast mir einen schönen Schrecken eingejagt.«

»Was war denn?«

»Du bist wohl auf der Treppe gestürzt. Ich hatte mich schon gewundert, wo du geblieben bist, zum Glück hab ich dich gefunden.«

Frau Buchecker schüttelte sich. Also war alles nur ein Traum gewesen?

»Komm mit ins Bett, Schatz.« Ihr Mann reichte ihr die Hand und zog sie hoch.

»Schau, Liebes, es schneit!«

Sie blickte zum Himmel. Dicke weiße Flocken schwebten herab und legten sich auf den Kunstschnee. Und dort hinten blitzte etwas auf – ein Nikolausstiefelchen, gerade groß genug, dass es einem beleibten Kater passen könnte. Sie ging hin und hob das Stiefelchen auf.

»Morgen bleibt die Küche kalt«, bestimmte sie. »Mittags gehen wir schön essen, nur wir beide.« Lächelnd drehte sie sich zu ihrem Mann um. »Und dann reden wir darüber, wie wir nächstes Jahr Weihnachten feiern wollen.«

»Gern. Wie du meinst, Liebes«, antwortete der und schaute sie verdutzt an. »Wenn es dich glücklich macht.«

»Und nach den Feiertagen fahren wir ins Tierheim.«

Frau Buchecker zwinkerte ihrem Mann zu, der immer noch etwas verwirrt dreinblickte. »Da probieren wir dann, ob dem dicken grauen Kater das Nikolausstiefelchen passt.«

Dorette Deutsch
Weihnachtsmusik mit Katze

Eine venezianische
Weihnachtsgeschichte

»Schau mal, *nonna*, da oben sitzt eine Katze!« Das kleine Mädchen war in einen dunkelbraunen Pelz gehüllt und sah mit seinem rosa Schal und den grün-blau gestreiften Handschuhen wie eine bunt verzierte Weihnachtspraline aus.

Zu dumm, dachte Mimi, dass das Schneetreiben die letzten Blätter von den Ästen geweht hatte und jetzt jeder sah, dass auf dem unteren Ast des Baums am *Campo Santi Apostoli* eine grauweiße Katze saß. Etwas genervt beobachtete Mimi, wie das kleine Mädchen eifrig winzige Schneebälle formte, die es in die Höhe warf.

»Komm doch runter, ich will mit dir spielen.« Das kleine Mädchen brach in Tränen aus, als es sah, dass die Katze von seinen Annäherungsversuchen völlig ungerührt war. Spielen, das fehlte heute gerade noch, dachte Mimi. Auf dem bequemsten Ast im Baum sitzend, putzte sie gerade ihr grauweißes Fell, das auf dem Weg von der *Calle Sant' Antonio* bis zu ihrem

Aussichtsplatz ein bisschen nass geworden war. Seit dem frühen Morgen schneite es in Venedig, und eine freche Schneeflocke hatte sich sogar auf Mimis Schnäuzchen gesetzt!

»Komm jetzt, unsere heiße Schokolade wartet schon.«

Zum Glück zog die Großmutter das Pralinenmädchen schnell weg. »Au ja«, sagte das kleine Mädchen, weil es wusste, dass es in der Bar ein paar Meter weiter nicht nur köstliche heiße Schokolade, sondern Schokoladenriegel in allen Farben des Regenbogens, pistaziengrün bis himbeerfarben, gab.

Bereits als Mimi an diesem Sonntagmorgen auf ihren Baum vor der *Santi-Apostoli*-Kirche hinaufgeklettert war, zeigte sich Venedig in eine Schicht aus weichem Schnee gehüllt. Unter den langsam dichter werdenden Flocken verschwammen die Konturen der Paläste und hüllten die ganze Stadt in ein sanftes Licht aus Rosa- und Kupfertönen ein. Die gotischen Bögen und Fenstersimse aus hellem istrischem Stein leuchteten wie verzaubertes Zuckerwerk unter den schneebedeckten Dächern und Balkonen hervor. Das war also Weihnachten. Ein Fest, das Mimi nicht besonders mochte, weil dann der *Campo Santi Apostoli* mit lauter Lichterketten vollgehängt war. Zum Glück senkten sich schon die ersten Schatten der Dämmerung über den kleinen Platz.

Lachend und voller Vorfreude gingen die Menschen durch die belebten Gassen und an stillen Kanälen vorbei. Das einzig Gute an Weihnachten war, dass Teresa, Mimis geliebte Teresa, bereits vor ein paar Tagen eine köstliche Lachspastete in die Vorratskammer gestellt hatte. Die Menschen überfrachteten das Fest immer wieder mit ihren sentimentalen Erwartungen, auch wenn ihre unbedachte Lebensführung in den vorausgegangenen zwölf Monaten nicht den geringsten Anlass dazu gegeben hatte. Wenn manche sich wenigstens darauf beschränken würden, sich genüsslich den Bauch vollzuschlagen, wie es eine anständige Katze tat. Mimi wollte Weihnachten wie alle anderen Tage im Jahr verbringen, mit dem einzigen Unterschied natürlich, dass es selbstgemachte Lachspastete gab. Leider musste sie sich einen anderen Beobachtungsposten suchen, bis diese alberne Beleuchtung wieder abgehängt war.

Als Mimi von weitem Teresa kommen und die Kirchentür öffnen sah, schlich sie, ohne dass diese es bemerkte, an ihren Beinen vorbei in den dunklen Innenraum der *Santi-Apostoli*-Kirche. Teresa zündete eine Kerze vor der kleinen Madonnenstatue an, wie immer, wenn sie sich ihre eigenen Wünsche nicht auszusprechen traute. Zu Mimis Bedauern kam das bei Teresa ziemlich häufig vor. Obwohl Teresa im Alltag praktisch und zupackend war, nahm sie in Liebesdingen eine nahezu unüberwindliche Schüchternheit an.

Diese Geschichte mit Carlo Mentuccia war schließlich auseinandergegangen, weil keiner von beiden sich selbst und dem anderen gegenüber seine Wünsche überhaupt eingestanden hätte. Dabei sah es am Anfang nach einer unsterblichen Liebesgeschichte aus, für die die stillen Kanäle von *Cannaregio* genau die richtige Kulisse geliefert hatten. Laue Herbstnächte, aufsteigende Nebel, Bootsfahrten mit Kerze! Leider war das zwei Jahre her, und Carlo Mentuccias Bild, das Teresa in der türkisfarbenen Blechschachtel mit lauter Zetteln für die unerfüllten Wünsche aufbewahrte, war ziemlich fleckig geworden und an den Rändern ein bisschen ausgefranst. Dabei wohnte Carlo Mentuccia, bekannter Organist Venedigs, gerade am nördlichen Ende von *Cannaregio*. Teresa hätte nur einmal von der *Calle Sant'Antonio* über die *Guglie*-Brücke laufen und bei Carlo Mentuccia klingeln müssen. Mimi seufzte ein bisschen. Sie wusste schon, dass es den meisten Menschen an gesundem Katzenverstand mangelte.

Gerade als die tiefe Stimme des Priesters ansetzte, um die abschließenden Segensworte zu sprechen, zog ein merkwürdiges Kratzen, gefolgt von einem quiekenden Geräusch, Mimis ganze Aufmerksamkeit an. Das Geräusch war unverkennbar aus dem Innern der Orgel gekommen, die hinter dem Altar ein trostloses Dasein fristete. Wie schade, dass kaum eine der berühmten venezianischen Orgeln überhaupt noch gespielt wurde. Teresa und Carlo Mentuccia sprachen manchmal über die vielbeschworene Rettung Venedigs. »Zuerst muss man die Orgeln restaurieren, die den Klang Venedigs in die Welt hinaustragen«, davon war Carlo Mentuccia überzeugt.

Als sich die Kirche langsam leerte und nur noch ein paar Kerzen die Dunkelheit erhellten, sprang Mimi, neugierig geworden, mit wenigen Sätzen die Stufen hinauf. Direkt vor ihr blitzten zwei listige, ziemlich intelligente Äuglein, während das schwache Licht auf ein weiches Fell von der Farbe cremiger Schokolade fiel, in die gerade ein Klecks frischer Sahne gerührt worden war.

Mimi holte tief Luft.

»Hab ich's mir doch gedacht, dass so ein hässliches Geräusch nur von einer Ratte stammen kann!«

»*Pantegana* bitte, eine venezianische Spezies. Darf ich mich vorstellen: Canaletto.« Die Ratte lispelte ein bisschen vor Aufregung, während sie ihr linkes Ohr leicht nach unten bog, was ihr ein etwas drolliges Aussehen verlieh. Weil es Sonntag war und weil seit der gewalttätigen Familie Borgia keine Morde mehr in Kirchen geschehen, unterdrückte Mimi ihren Impuls, der Ratte an die Kehle zu springen. Erst auf den zweiten Blick sah sie, dass diese mindestens ebenso groß war wie sie.

»Ca-na-le-tto?« Mimi dehnte den Namen ein bisschen, um Zeit vor weiteren Überraschungen zu gewinnen und stieß durch ihre beiden Vorderzähne einen bedrohlichen Pfiff aus.

»Du wirst doch wohl nicht behaupten, dass es eine Verbindung zwischen dir und dem berühmten venezianischen Maler gibt?«

»Doch. Das heißt nein. Aber in gewisser Weise schon«, sagte Canaletto höflich und lächelte sein Gegenüber mit unschuldigen Augen an.

»Meine Sippe hat mir diesen Namen gegeben, weil wir alle Bewunderer seiner gelungenen Farbmischungen sind und mein Fell das typische Canaletto-Braun hat. In meiner Familie befanden sich ein paar ausgewiesene Kunstkenner.«

In den listigen Äuglein der Ratte war ein Aufglimmen von Stolz zu erkennen.

»Du kennst nicht zufällig Canalettos Bild von der hölzernen Rialtobrücke? Wenn du willst, könnten wir mal gemeinsam in die *Accademia* gehen.«

Mimi verschlug es die Sprache. Das fehlte noch, wäre ihr fast herausgerutscht, dass ich in Begleitung einer Ratte ins Museum gehe. Ihr Ruf als respektable Katze wäre ein für alle Mal dahin. Doch sie fasste sich sofort wieder.

»Und was hast du hier in der Kirche zu suchen?«

»Nun ja«, Canaletto strich sich stolz über die Barthaare, »das ist ein bisschen Familientradition. Meine Sippe ist seit fünf Generationen in Venedig zuhause, wo man, zugegeben, verglichen mit anderen Städten, immer noch paradiesisch leben kann. Meine Urgroßmutter Sofia war eine Museumsratte, während mein Urgroßvater Adalgiso der Musiker in der Familie war. Er hat sein Leben weitgehend im Innern von Orgeln verbracht und mir seine große Liebe zur Musik vererbt.«

»Es gibt Ratten, die in Orgeln leben?«

Mimi vergaß ihre eigenen Vorsätze, keiner Ratte am Sonntag den Hals umzudrehen. Ihre gelbgrünen Augen waren zu schmalen Schlitzen geworden, ihre schlanken Fesseln zum Sprung gedehnt.

»Aber ich bitte dich, heute ist Sonntag!« Canaletto kannte die uralten Gesetze über Katzen und Ratten in Kirchen genauso wie sie.

»Und außerdem ist es so einsam und ein bisschen langweilig hier. Wollen wir nicht Freundschaft schließen?«

Mimi hatte es schon immer geahnt, dass Worte gefährlich sein konnten. Wenn sich eine Katze und eine Ratte erst einmal unterhielten, war es mit der alten Ordnung vorbei.

»Wie lange wohnst du eigentlich schon hier?« Drohend hob Mimi die Stimme.

»Nun ja, seitdem ich aus dem Seitenkanal in *Cannaregio* ausziehen musste«, antwortete Canaletto zerknirscht. »Du weißt ja, dass die Stadtverwaltung schon seit Jahren die Kanäle und alle tiefer liegenden Rohre gereinigt hat. Und wenn alle gereinigt sind, fängt man doch tatsächlich wieder von vorne an! Neulich habe ich im *Giudecca*-Kanal sogar eine Goldbrasse gesehen! Auch wenn ich am guten Geschmack von Fischen immer gezweifelt habe.« Canaletto zupfte wieder ein bisschen an seinen Barthaaren. »Die schwammen sogar in den verseuchten Kanälen von *Porto Marghera* herum! Aber auch in Venedig ist die Welt für uns Ratten immer schwieriger geworden. Mein Urgroßvater Adalgiso würde sich im Grab rumdrehen, wenn er wüsste, was aus seinen bevorzugten Ausflugszielen geworden ist: San Giuliano, früher ein Rattenparadies, ist heute Naturschutzpark! Auf der Giudecca, in meiner Kindheit ein Abenteuerspielplatz für kleine Ratten, wurden Studentenwohnungen gebaut! Und auf der Insel Tessera, ein Urwald, soll ein Stadion entstehen! Noch nicht einmal San Michele, die Friedhofsinsel, haben sie mit ihren Umbauten verschont.«

Mimi blickte Canaletto ungerührt an, der sich vor lauter Aufregung ein Barthaar ausgezupft hatte.

»Sogar in der Nähe des Bahnhofs, wo es immer noch verborgene Unterschlüpfe für reisende Ratten gab, wurde von Santiago Calatrava eine neue Brücke gebaut.« Canaletto blickte ein bisschen verächtlich.

»Stararchitekten in Venedig, dass ich nicht lache. Und wo sollen wir Ratten hin?«

Erschöpft lehnte er sich an eine Orgelpfeife.

»Aber zum Glück gibt es verlassene Kirchen mit ihren Orgeln, die nie jemand spielt und die eine gute Unterkunft für uns *pantegane* sind.«

Canaletto setzte ein liebenswürdiges Lächeln auf, das von einem Ohr zum anderen reichte und seine tadellos weißen Zähne zeigte. Er ist wirklich hübsch, dachte Mimi, schade, dass er ein Rattenmann ist und diese merkwürdigen Nager hat.

»Ich verstehe ja, dass du gerne in Venedig wohnst, aber warum hast du dir ausgerechnet eine Orgel ausgesucht?«

»Leider sind die Gassen, da es nun einmal keine Autos gibt, von deinen Artgenossen voll.« Canaletto knickte wieder sein linkes Ohr um, was ihm, wie Mimi nun fand, ein höchst charmantes Aussehen verlieh.

»Aber es gibt noch einen weiteren Grund.« Canaletto zögerte ein bisschen, ob er sich über alle Grenzen der Schicklichkeit hinweg ausgerechnet einer Katze anvertrauen sollte.

»Weil ... weil ich es liebe, von Kopf bis Fuß vom Geruch vergangener Zeit umfangen zu sein!« Canalettos Augen nahmen einen schwärmerischen Ausdruck an.

»Ich liebe den Geruch von Weihrauch und brennenden Kerzen in der *Redentore*-Kirche, wie bei den Dankgottesdiensten früherer Zeiten, als man uns

Ratten als Boten der Pest noch gefürchtet hat. Ich genieße den Geruch nach fremden Hölzern in *San Francesco*, der mich an die Reisen meiner Vorfahren in den Orient erinnert. Ich mag den Geruch nach Lack und Elfenbein und den Klang der Orgelpfeifen in *San Zaccaria*, bei dem man so schön träumen kann.«

Aha, ein Nostalgiker also, dachte Mimi und seufzte leise.

»Und vor allem liebe ich es, dort auf das Deckengemälde der heiligen Cecilia, der Schutzheiligen aller Musiker, zu sehen, die sich je nach der Perspektive des Betrachters verändert. Meine musikinteressierte Familie hat diese Kirche schon lange zu ihrem Lieblingsort erklärt. Aber diesen Platz habe ich inzwischen meiner Liebsten Agnese überlassen.«

»Du kennst die Orgeln der *Santi Apostoli*, von *San Francesco*, *Sant'Apollonia* und *San Zaccaria*? Hast du die alle angenagt?« Mimi war sich nicht sicher, ob nicht heute doch wieder ein Mord in der Kirche geschah.

»Aber nein. Hhm. Manchmal habe ich höchstens ein bisschen daran geknabbert. Aber das fällt ja gar nicht mehr auf. Denn die Menschen haben durch ihre Gleichgültigkeit doch überall in Venedig schon genug Schaden angerichtet, findest du nicht?« Mimi überhörte die Frage vorsorglich. Eine Katze ließ sich nie auf eine Grundsatzdiskussion ein, die bei Menschen nichts anderes als mangelnder Realitätssinn war.

»Gibt es noch mehr Orgeln, in denen Ratten wohnen?«

»Ich fürchte ja, auch wenn ich nicht alle kenne. Denn auch für uns Ratten ist Venedig immer enger geworden.«

»Und wo hat sich deine geschätzte Verwandtschaft sonst noch so einquartiert?«

Jetzt lispelte Canaletto wieder, wie immer, wenn er aufgeregt war, und fing mit seinen feinen rosa Pfötchen zu zählen an.

»Nun, in *San Geremia* wohnt meine Tante Matilde, in *Santa Fosca* mein Onkel Ubaldo, in *Santa Maria dei Derelitti* mein Cousin Stefano, ein schrecklicher Nichtsnutz, mit Verlaub, den unsere gemeinsame Oma enterbt hatte.«

Mimi sah Canaletto streng aus dem Augenwinkel an und kniff das linke Auge zu. »Immer nur ein Handlungsstrang bitte, deine Familiengeschichte kommt ein anderes Mal dran.« Was bildete sich diese Ratte eigentlich ein.

Canaletto ließ sich keine Gefühlsregung anmerken.

»Ach ja, in der Kirche der *Santi Giovanni e Paolo* wohnt Irene, eine entfernte Cousine von mir, die aber noch zu klein ist, um an der Orgel Schaden anrichten zu können, und an Depressionen leidet. Sie braucht dringend Gesellschaft.« Was für ein Familiensinn bei einer Ratte, dachte Mimi, was die Menschen von ihr lernen könnten.

»*San Giovanni Crisostomo* ist bislang noch unbewohnt; aber in der Nähe habe ich heute meinen Großonkel Antonio gesehen. Was dem erst mal zwischen die Nager kommt ...«

»Und *San Marco*? Bist du sicher, dass du von deinen Tanten und Onkeln niemanden vergessen hast?«

»In *San Marco* wohnen wir nicht«, verkündete Canaletto entschieden. »Da sind zu viele Leute. Und da wird außerdem jeden Sonntag die Orgel vom *Maestro di Capella* gespielt! Hast du jemals seine eigenen Kompositionen gehört? Du musst nur einmal am Sonntag in die Messe gehen, kurz nach elf fängt er an. Ein wahrer Kunstgenuss und in Sachen Musik für mich das Beste, was Venedig zu bieten hat!«

Sieh an, er ist tatsächlich Musikkenner, unser Kleiner. Bedauerlicherweise fand Mimi wieder bestätigt, dass die meisten Männer zerstören müssen, was sie lieben.

»Das Schlimme ist, dass wir Ratten in den Orgeln nicht wirklich glücklich sind. Wir sind nämlich ausgesprochene Familienmenschen.«

Plötzlich fand es Mimi spannend, ausgerechnet einer Ratte begegnet zu sein. Was sich über andere Spezies für neue Welten auftun! Jede Begegnung hat eben doch einen tieferen Sinn.

»Natürlich würden wir aus den Orgeln ausziehen, wenn wir andernorts in guter Gesellschaft wären. Für Rattenfamilien sind Orgeln zu klein.«

Canaletto blickte Mimi erwartungsvoll an. »Wenn du willst, können wir gemeinsam nach *San Zaccaria* gehen. Du könntest mit Agnese reden. Vielleicht kannst du sie überzeugen, dass wir zusammen woanders hinziehen. Mir wäre es ja recht.«

Mit einer Ratte durch Venedig, mir bleibt auch nichts erspart, dachte Mimi, während sie in schnellen Sprüngen im Schatten der Häuser entlanghastete. Vorsichtshalber suchte sie ein paar unbekannte Schleichwege aus. Aber Mimis Sorge war unbegründet: Es war die blaue Stunde, zu der die meisten Katzen wohlig auf dem Sofa lagen und die Menschen ihren ersten Spritz tranken. Das Nachtleben fing gewöhnlich etwas später an. Als sie am seitlichen Eingang von *San Zaccaria* angekommen waren, huschte Canaletto durch einen schmalen Schlitz im Rahmen der Seitentür, die direkt in die Seitenkapelle führte.

»Agnese«, flüsterte Canaletto erwartungsvoll und sprang behend die beiden Treppen hinauf. Mit einem weiteren Satz war er im Innengehäuse der Orgel verschwunden. Tatsächlich roch es anheimelnd nach Weihrauch, Kerzen und Holz. Mit seinen Pfötchen klopfte Canaletto dreimal auf die erste weiße Orgeltaste links.

Bevor sich Mimi versah, tauchte ein wunderschönes, in gelben Damast gekleidetes Rattenmädchen auf.

»Darf ich vorstellen«, sagte Canaletto, »meine Verlobte Agnese.«

Gelber Damast an einer Ratte, so was Eingebildetes, dachte Mimi, und spürte einem merkwürdigen Anflug von Eifersucht. »Ich hoffe, du hast deine Nager noch nicht an der Orgel gewetzt!«

Mimi blickte das Rattenmädchen mit strengen Katzenaugen an.

»Aber nein, nur an den Rändern, ein bisschen. Außerdem vertrage ich den Weihrauchgeruch nicht und würde lieber nach Mestre ziehen. Da kann man nämlich viel besser eine Familie gründen und Kinder aufziehen.« Agnese warf Canaletto einen fragenden Blick zu. Wo sie nur diesen Damast herhat, dachte Mimi neidisch. »Im Innern der Kirchen sind natürlich unglaubliche Schätze verborgen«, erklärte Agnese, als hätte sie Mimis Gedanken erraten. »Auch dieses Stück Damast aus der alteingesessenen Seidenweberei Bevilacqua habe ich unter einer Bank gefunden.«

»Wir sind nun einmal Nager«, fiel Canaletto beschwichtigend ein. »Was kann ich denn dafür, dass die Menschen die Orgeln vergessen haben! Nach *San Zaccaria* kommen sie zwar noch gelegentlich, aber nur um sich diese Bellinis und Tintorettos oder diese von Motten zerfressenen Sessel der alten Dogen anzusehen. Sie wissen nicht, dass der wirkliche Schatz vieler Kirchen die Orgel ist. Aber nach *San Francesco* oder gar *Sant'Apollonia* verirrt sich kaum noch jemand.«

»Und du sagst, das passiert, weil niemand mehr die Orgeln spielt?« Bei diesen Worten fiel Mimi Teresas Freund Carlo Mentuccia ein, der ein begnadeter Orgelspieler war.

»Genauso ist es«, rief Canaletto aus. »Denn dann kämen viele Menschen hierher, die, von ein paar reizenden Kindern abgesehen, keine besonderen Freunde von uns Ratten sind.«

Plötzlich sah sich Mimi einem Problem gegenüber, das durch einen einfachen Biss in den Hals nicht mehr zu lösen war. Es gab nur eine Rettung: Carlo Mentuccia.

Mit einem entschiedenen Miau sprang Mimi auf die Tasten der Orgel.

»Potzblitz, ihr Nager! Aus den Orgeln muss Musik erklingen, nicht das Geräusch eurer Zähne.« Mimi streckte sich, was ihr, trotz ihres schlanken Katzenkörpers, eine beeindruckende Größe verlieh.

Canaletto schaute irritiert, Agnes hüllte schützend einen Zipfel gelben Damasts um sich herum.

»Aber wir müssen einen Plan entwickeln, um die venezianischen Orgeln vor dem Verfall zu retten. Es wird in Venedig doch wohl ein paar verfallene Paläste für euch geben. Mein Freund Giuseppe hat Beziehungen zum Stadtplanungsamt. Ich werde ihn bitten, eine Liste geeigneter Paläste zusammenzustellen.«

»Sind die auch beheizt?«, fragte Agnese besorgt. Canaletto und seine Verlobte schauten sich nachdenklich an. Mimis Vorschlag war nicht schlecht. Aber sie wussten ja aus eigener Erfahrung, dass das Leben in katzenreichen *sestieri* auch ganz schön gefährlich war.

»Ich verspreche euch Begleitschutz, wann immer ihr mich braucht.«

»Oh, das wäre wunderbar«, flötete Agnese. »Natürlich würden wir deine Gesellschaft sehr schätzen. Wir finden dich nämlich sehr nett, auch wenn du eine Katze bist.«

Canaletto griff Mimis Vorschlag sofort auf, um seiner Angebeteten schöne Augen zu machen.

»Liebste Agnese, im neuen Jahr möchte ich dich zuallererst zum Porträt unserer Urahnin auf der Ecksäule des Palazzo Contarini-Pisani führen.«

»Abgemacht, am Heiligen-Drei-Königs-Tag komme ich mit«, stimmte Mimi gnädig zu. Gegen eine steinerne Urahnin habe ich ja nichts, Hauptsache, die beiden haben ihren Kindersegen im Griff.

Aber Mimi wusste, dass die wichtigste Aufgabe noch auf sie wartete. »Ihr bleibt hier, bis ich mit Carlo Mentuccia gesprochen habe.«

Mit einem schnellen Satz war Mimi aus der Kirche gesprungen und machte sich auf zu der kleinen Parkbank im Norden von *Cannaregio*. Außer für einen atemberaubenden Blick in die Lagune eignete sich die Bank wie keine andere für Menschen mit Liebeskummer. Wenn Teresa und Carlo Mentuccia endlich verstehen würden, dass es, wie auf dem Deckengemälde von *San Zaccaria*, auch in der Liebe auf die Perspektive ankam!

Tatsächlich saß Carlo Mentuccia allein auf der Bank. Entschlossen zupfte ihn Mimi am Ärmel seines abgewetzten braunen Wintermantels, der ihm ein wahrhaft trauriges Aussehen verlieh.

»Ach Mimi«, brachte Carlo Mentuccia im Flüsterton heraus, als er Mimis Miaunzen vernahm. »Venedig ist auch nicht mehr das, was es einmal war.«

»Das wissen wir bereits«, erwiderte Mimi kurz angebunden.

»Aber ich hasse dieses Lamentieren und glaube nicht, dass früher die Zeiten besser waren. Wir fallen auf Trugbilder herein, weil wir unsere Faulheit rechtfertigen wollen.«

Carlo Mentuccia schaute unglücklich vor sich hin. »Heute Morgen habe ich Teresa von weitem auf der *Guglie*-Brücke gesehen, sie hat mich gar nicht bemerkt. Ich weiß, dass ich sie verloren habe.«

Dieser Langweiler, Mimis Stimme nahm einen leicht ungehaltenen Ton an.

»Du hast sie verloren, weil du nicht mehr um sie

geworben hast. Früher hast du jeden Abend im Sommer die schönsten Serenaden für sie gespielt. Die Gerüche Venedigs, seine Farben und seine Stille kamen darin vor und verbanden sich im Spiel deiner gelenkigen Finger zu einem Reigen reiner Poesie. Keiner hat die Orgeln gespielt wie du. Aber was ist nun aus dir geworden? Anstatt weiterhin Musik zu machen und mit Teresa glücklich zu sein, hängst du nun auf einsamen Bänken herum. Menschen mit Selbstmitleid mag ich nicht, noch weniger als Ratten.«

Doch dann nahm Mimis Stimme einen versöhnlicheren Ton an. »Du könntest an Weihnachten endlich wieder Orgel spielen, und ich sorge dafür, dass Teresa dich hört! Du weißt doch aus eigener Erfahrung, dass Klänge verzaubern können.«

»Aber meine Finger sind so müde geworden, dass sie die Tasten fast nicht mehr spüren!«

»Dann musst du eben ein bisschen üben.«

»Aber wie denn, die Kirchen sind doch zu!«

»Das lass meine Sorge sein. Um acht an der Seitentür von *San Zaccaria*. Und wehe, du kommst zu spät. Ich verspreche dir, dann wirst du Teresa nie wiedersehen.« Immer muss man mit solchen Drohungen arbeiten, dachte Mimi. Wahrscheinlich wird er sich in der *Vedova* mit ein paar Gläsern *Raboso* Mut antrinken, sei's drum.

Mimi wartete noch, bis sich Carlo Mentuccia schwerfällig von der Bank erhoben hatte, und rannte, so schnell sie konnte, zurück. Staunend gingen ein paar dick vermummte Gestalten an ihr vorbei. Die haben wohl noch nie eine Katze gesehen, die es eilig hat, dachte Mimi. Endlich war sie wieder bei *San Zaccaria* angelangt, Canaletto erwartete sie lächelnd und hatte sein linkes Ohr nach hinten geknickt.

»Hier, verehrteste Mimi, ist der Schlüssel zur Seitentür, Menschen kommen wohl durch den schmalen Schlitz kaum herein.« Mimi war angenehm überrascht, dass Canaletto ihre Gedanken erraten hatte. Für ungewöhnliche Pläne muss man sich ungewöhnliche Verbündete suchen, auch wenn es nun mal zwei Ratten sind.

Mimi schloss auf und setzte sich nahe zur Eingangstür, Canaletto und Agnese hatten es sich, Pfote in Pfote, in der ersten Reihe bequem gemacht. »Wie schön du bist, Agnese«, flüsterte Canaletto, »bitte nimm diese Perlenkette als Verlobungsgeschenk. Meine Freundin Luisa aus der Perlenwerkstatt in *Cannaregio* hat sie eigens für dich gemacht.« Agnese blickte verzückt. Und wer schenkt mir was, dachte Mimi, immer nur habe ich diese unerledigten Liebesgeschichten anderer Leute am Hals.

Mit einem knarrenden Geräusch öffnete sich die Seitentür. Und mit etwas schwankendem Schritt kam Carlo Mentuccia herein. Drei Gläser *Raboso*, schätzte Mimi. Von den Strahlen der Perlenkette und dem leuchtenden Gelb des Damasts angelockt, fiel Carlo Mentuccias entgeisterter Blick sogleich auf das sich an den Pfoten haltende Rattenpaar in der ersten Reihe. Unverzüglich drehte er sich auf dem Absatz um, mit einem Sprung versperrte ihm Mimi den Weg.

»Nur Mut, die Nager sind eine Halluzination. Los, fang schon zu spielen an.«

Vielleicht lag es am Wein, vielleicht am Glanz von Perlen und Damast und am Anblick zweier verliebter Ratten in der ersten Reihe, die bei Carlo Mentuccia einen fast halluzinatorischen Zustand ausgelöst hatten; vielleicht lag es auch an seiner eigenen Sehnsucht, endlich wieder Orgel zu spielen: Carlo Mentuccia berührte die Tasten und brachte Klänge hervor, die, so berichteten später alle, die ihn gehört hatten, nie zuvor und nie wieder danach gehört worden waren.

Zuerst fingen die Schneeflocken über den Dächern und Kanälen im Takt mit der Musik zu tanzen an. Dann begannen die weißen Steine Venedigs mit dem Wasser zu spielen und zauberten winzige Stäubchen aus schillerndem Klang hervor, die sich in der Dunkelheit wie funkelnde Perlen auf die Äste der Bäume setzten und übermütige Purzelbäume über dem Wasser schlugen. Die alte Ordnung war aufgehoben, als sich Schneeflocken und Wellen und ein paar vorwitzige Sternschnuppen in einem taumelnden Reigen der Freude drehten.

Sogar die Tauben, diese Plage Venedigs, waren ausnahmsweise vom Eifer erfüllt, sich nützlich zu machen. Ein dunkler Schwarm ließ sich auf dem Dach von *San Zaccaria* nieder und zog einen Augenblick später auf die Dächer aller anderen Kirchen aus. Wie von geheimer Hand geführt, fingen alle Orgeln Venedigs gleichzeitig zu klingen an. Als es vom *Campanile* von *San Marco* Mitternacht schlug, war ganz Venedig in ein Meer aus verzauberten Klängen gehüllt.

Auch Teresa hatte erstaunt das Küchenfenster in der *Calle Sant'Antonio* aufgemacht und geahnt, woher der Klang kam. Sofort war sie nach *San Zaccaria* geeilt.

»Carlo«, flüsterte sie, als sie Carlo Mentuccia in sein Spiel versunken vor der Orgel sitzen sah.

»Teresa«, murmelte Carlo Mentuccia, völlig erschöpft vom *Raboso*, dem Spiel seiner Hände und davon, was eine entschlossene Katze in einer einzigen Weihnachtsnacht mit ihm angestellt hatte. Er wollte lieber nicht darüber nachdenken, aber hinter sich hatte er ganz deutlich die Worte »Heirat« und »Umziehen« und »Kinder« aus dem Mund von zwei bezaubernden, festlich gekleideten Ratten gehört, die in einem wundersamen Reigen zu zweit ins Freie hinausgetanzt waren. Als er an der ersten Bank vorbeiging, hob er eine Perlenkette auf, die, so flüsterte ihm Mimi sofort zu, ein Engel in dieser Weihnachtsnacht vergessen hatte, und schenkte sie Teresa.

Theresia Walser

Glaubt bloß nicht, dass ihr mich kennt

Unsere Katze saß am Fenster, sie zitterte am ganzen
Leib. Speichel lief ihr aus dem Maul, ihr Schwanz
peitschte hin und her, als wetze sie ein Messer. Sie
schien vor dem Sprung. Ein Glück, Vögel und Eich-
hörnchen sind vor ihr sicher, dachte ich. Bis ich
sah, dass Zilly keineswegs auf die Bäume starrte.
Wir wohnten damals im fünften Stock, von unseren
Fenstern aus konnte man sehen, wie die Passanten
mäuseklein auf der Straße hin und her liefen. Der
Grund für Zillys mörderisches Gesabber war das
vorweihnachtliche Gewusel der Leute, die ihre letzten Besorgungen machten.

Als Kind hatte ich einmal einen Science-Fiction-
Film gesehen, in dem ein Mann auf Daumengröße
schrumpfte, nachdem er einem Atomblitz ausgesetzt war. Fortan musste er sich vor seiner Katze verstecken, die ihm nach dem Leben trachtete. Nach
solchen Szenen sieht man die eigene Katze mit anderen Augen.

An manchen Tagen sieht Zilly aus wie ein verlot-
terter Affe. Sie besitzt kein süßes Katzengesicht, sie

schaut immer ein wenig schräg, sie wirkt beleidigt. Eine Beleidigtheit, die sich durch nichts verscheuchen lässt. So viel steht fest: Sie will beleidigt bleiben und nicht davon erlöst werden. Mich erinnert sie an Breschnew. Aus ihrem Gesicht schaut die nie wiedergutzumachende Enttäuschung einer ganzen Sowjetunion.

Inzwischen lebt Zilly mit uns auf dem Dorf. Die ersten Wochen konnte sie gar nicht genug kriegen. Als wollte sie, wie im Rausch, all die versäumten Stubenjahre nachholen, hingen ihr Vögel, Frösche, Mäuse wie zerkaute Lumpen aus dem Maul. Wir konnten unseren Abscheu nicht verbergen. Jedes Mal musste sie uns zusehen, wie wir ihre Geschenke angewidert in den Müll warfen. Eines Tages lagen vor unserer Haustür Moosbrocken. Am nächsten Tag wieder. Eine Woche lang, jeden Morgen. Keiner konnte sich erklären, woher. Bis wir beobachteten, wie Zilly auf den benachbarten Garagendächern das Moos herausbiss und es uns vor die Tür legte. Mäuse aus Moos!

Zilly hat ein ungeheures Gespür für Orte, als wüsste sie genau, wo sie sich hinsetzen muss, damit wir sie immer wieder mit ganz anderen Augen sehen: *Glaubt bloß nicht, dass ihr mich kennt!* Mal quetscht sie sich wochenlang in einen alten Koffer, als wollte sie verreisen, dann wieder liegt sie auf dem Fußboden, mitten im Weg, ausgestreckt auf dem Rücken, die Beine weit gespreizt, wie ein Aktmodell auf Schiele-Bildern. Selten fläzt sie auf Sofas herum oder liegt in Betten. Zillys Orte sind nicht gemütlich. Sie kauert auf wackligen Papierstößen oder hockt hinter Vorhängen, aus denen ihr Gesicht halb hervorschielt, als kenne sie solche Szenen aus Hitchcock-Filmen. Wann immer Handwerker bei uns im Haus sind, sitzt Zilly aufmerksam hinter ihnen. Ihr Interesse an handwerklichen Vorgängen scheint enorm. Klempner, Elektriker, Telekommitarbeiter – alle lassen sich von unserer Katze auf die Finger schauen.

Ihre Stimme ist nicht schön. Ihr Miau klingt nicht nach Miau. Kaum öffnet sie ihr Maul, hört man ein krächzendes Knarren wie von einer alten Kellertür, die man lieber nicht mehr öffnet. Ihre Krächzphrasen sind endlos, ohne dass sie Luft holt. Kein Zweifel, es sind Sätze. Zilly spricht. Was immer sie sagt, sie klagt. Drunter macht sie es nicht. Geht es dir gut, Zilly?, frage ich. Worauf sie einsilbig zurückmault. Als hätte sie es längst aufgegeben, mit mir zu sprechen: *Hat es je was gebracht, mit dir zu reden?* Frage ich nach dem Grund, bricht es aus ihr heraus, als seien die Schleusen geöffnet für ein endloses Lamento. Man braucht es nicht zu verstehen, um es zu verstehen. Zilly muss irgendwann beschlossen haben, dass Kommunikation per se Klage heißt. Die Königsdisziplin allen Sprechens: Klage! Alles andere: Schwäche, Schwindel, falsches Getue. In der Musik wären es lange Legatosätze, mit einer Fermate am Ende. Und das alles, ohne ein einziges Mal Luft zu holen!

Eure Katze ist zum Fürchten, sagte einmal ein Besucher. Andere behaupten, Zilly sei eine seltene Schönheit. Wie auch immer, ihr Gesicht steht unter ständiger Spannung, selbst im Schlaf findet sie keinen Frieden. Dabei ist sie die Fürsorglichkeit in Katzengestalt. Liegt einer von uns krank im Bett, bleibt Zilly in der Nähe, wie eine brütende Mutter.

Aber keiner von uns hätte je gedacht, dass Zilly auch an Heiligabend ihren großen Auftritt hat. Mit jedem Jahr, in dem die Kinder älter werden, schwindet auch unser festlicher Ehrgeiz. Als bedürfe es der Kinderaugen, um dem Ganzen noch Leben einzuhauchen. Nun, wo dieses Kinderglühen Jahr für Jahr weniger wird, zerbröselt vor unseren Augen auch die weihnachtliche Inszenierung.

Wir versammeln nicht mehr alle Hirten, die Schafe verschwinden, eins nach dem andern, als würden sie übers Jahr von Wölfen gefressen. Einem der drei Könige fehlt der Kopf, von Josephs betenden Händen sind nur noch Stumpen übrig. Als wir irgendwann auch das Jesuskind nicht mehr finden, holen wir Maria und Joseph erst gar nicht mehr aus dem Schrank. Am Ende genügt uns der Krippenstall, drum herum ein paar Tannenzweige, ohne den ganzen Figurenzirkus; jener Krippenstall, an dessen

Giebel seit je die kleine Laterne baumelt, die früher rot leuchtete, wie für einen Puff, nur dass auch hier keiner mehr für Batterien sorgt.

Wieder einmal war es so weit und der Krippenstall aufgebaut. Wir trauten unseren Augen nicht: Zilly hatte sich in den Stall gelegt. Genauer gesagt, hatte sie sich direkt vor der Holzkrippe auf den Tannenzweigen breitgemacht, so, dass hinter ihr nur noch der Giebel hervorragte. Sie schaute uns an, als sähe sie uns zum ersten Mal. Über ihrem Kopf baumelte die dunkle Laterne. Sie ist alles auf einmal, dachte ich: Maria, Jesus, Joseph, Hirten, Engel, Esel, Ochs. Zilly hat sich zum Zentrum des weihnachtlichen Geschehens gemacht, mit ihrem ungeheuren Gespür, zur richtigen Zeit am richtigen Ort zu sein. Sie muss bemerkt haben, dass wir etwas nicht mehr füllen konnten, aber auch nicht davon loskamen. Sie hat uns aus der Heiligabendpatsche geholfen. Was lässt sich aus einem so schwachen religiösen Ehrgeiz noch machen?, schien sie sich zu fragen. Diesem Schwundgefühl aus einer Kindheit, das sich nicht mehr entzünden lässt, andrerseits aber auch nicht vergeht?

Inzwischen sitzt Zilly jedes Weihnachten dort, als sei es immer schon so gewesen. Fast könnte man sagen, wir bauen die Weihnachtskrippe für Zilly auf, damit sie sich an Heiligabend wieder auf die Tannenzweige legen und uns aus der Krippe heraus anschauen kann. Als wollte sie herausfinden, warum wir sie ein Mal im Jahr abends so ehrfürchtig anblicken.

Ilke S. Prick

Wie Fritz und Frida Weihnachten retten

»Du musst mitmachen!«, maunzen sie. »Uuunbe-
dingt!! Komm schon, los, ohne dich wird das niiiie-
mals klappen!!!« Mit Ausrufezeichen miauen sie das.
Mindestens einem hinter jedem ihrer Sätze. So geht
das schon seit ein paar Tagen. Die beiden sind wild
entschlossen, als schlummere in ihrem jungen Ge-
dächtnis ein Wissen, dass ihre Vorfahren willensstar-
ke, majestätische Königstiger waren. Vor Aufregung
zittern ihre Schnurrhaare, und ihre kleinen Schwänz-
chen schwingen wie Antennen hin und her, auf der
Suche nach Empfang. Da habe ich mir ganz schön
was eingebrockt. Hätte ich bloß meine Schnauze gehalten, als sie die ersten Fragen gestellt haben, was
denn dieses Weihnachten sei. Wäre ich vage geblieben, als sie rausfinden wollten, was in diesen Tagen – es war schließlich ihr erstes Weihnachtsfest –
anders wäre als sonst. An Nikolaus hatten sie im
Nachbargarten von Tomtom, Müllers Rosettenmeer-
schweinchen, einige Eckdaten über das Fest erfah-
ren. Und da Tomtom etwas übergewichtig ist, kamen
dabei wohl sehr oft Formulierungen wie »gutes Es-

sen« und »genug für alle« vor. Seitdem wollten sie von mir mehr wissen, denn hungrig sind auch sie ständig. Ach, hätte ich ihre Fragen doch nur ignoriert. Aber wie hätte ich das schaffen sollen? Man kann den beiden einfach nicht widerstehen. Und überhaupt: hätte, könnte, sollte – alles Quatsch. Fritz und Frida schaffen Fakten. Immer und mit jedem. Also auch mit Weihnachten und mit mir.

Dabei bin ich kein weicher Typ. Keiner, der sich leicht um die Pfote wickeln lässt. Ich habe schon zu viel eigenes Leben gelebt, bevor ich hierher zu Biggi und Rüdiger kam, und Freundlichkeit ist sicher nicht mein zweiter Vorname. Ich habe zu viele Dinge erlebt, die ich keinem wünsche. Spanien – was für viele ein schönes Urlaubsland ist, war für mich ganz und gar kein Spaß. Aber ich kannte es nicht anders. War es gewohnt von klein auf, als ich noch ein Welpe war: staubige Straßen, ein Schlafplatz in einem verfallenen Haus, andere Streuner, die kamen und gingen. Wir waren viele, mit hungrigen Mägen. Zu viele für die ab und an erbettelten Mittagessen, die Reste aus irgendwelchen Mülltonnen. Touristen fotografierten uns, weil sie uns so niedlich fanden, meine Kumpels und mich. Was genau niedlich an mir hätte sein können, habe ich nie begriffen. Die Flöhe, die damals sehr zahlreich in meinem struppigen Fell nisteten? Die Schrunden, die ich von meinen Prügeleien davongetragen hatte? Der

Schwanz, dem die Spitze fehlt, seitdem ein paar Jugendliche aus dem Dorf es lustig gefunden hatten, sie mir als Mutprobe zu kupieren? Natürlich habe ich mich dafür gerächt. Einer von ihnen trägt noch heute eine lange Narbe auf seinem Unterarm. Ich war der Wildeste von allen, das wusste jeder. Aber dann habe ich wohl einen Moment lang nicht aufgepasst, und da ist es passiert. Wir alle hatten Geschichten über die Hundefänger gehört. Julio war verschwunden, die schöne Maurizia ebenso. Kurz nach der Sache mit dem Schwanz fingen sie mich ein und brachten mich in dieses Haus. Ich dachte, das sei mein Ende. Aber es war das Gegenteil. Es war der Anfang von etwas, mit dem ich nie gerechnet hätte.

Eigentlich will ich Mittagsschlaf machen. Das wissen die beiden. Und sie wissen genau, dass sie mich dabei besser nicht stören sollten. Darum maunzen sie jetzt nicht weiter, jedenfalls nicht so laut wie sonst, sondern tun das, was sie ebenfalls gut können: sie versuchen, mich wach zu starren. Ich spüre es durch meine geschlossenen Augenlider und höre jeden Ton, den sie *nicht* von sich geben. Ungeduldig sitzen sie vorm Teppich, auf dem ich mittags am liebsten liege. Ganz nah an der Kante sitzen sie, so dass sie sich in den Fransen verheddern, wenn sie mit ihren flauschigen Katzenkinderpopos wie auf glühenden Kohlen hin und her hibbeln. Normalerweise würden sie sich jetzt prügeln, aber sie reißen sich zusammen und starren weiter. Ich kann sie riechen. Ihren aufgeregten Thunfisch-Atem, ihre Erwartung. Es ist, als würde die Luft um sie herum vibrieren, und dieses Sirren schwappt in kleinen Wellen zu mir herüber. »Fritz, Frida – lasst Bronco in Ruhe!«, ruft Biggi aus der Küche. Auch Biggi hat Antennen, obwohl man an ihr nichts zucken sieht wie bei den beiden Kleinen. Höchstens ihre Mundwinkel, wenn sie einen Spaß machen will, von dem wir noch nichts wissen sollen. Wenn sie zum Beispiel abends vorm Fernseher heimlich ein paar Leckerli in Rüdigers Hausschuhe schmuggelt und ruft: »Such die Käsequanten, Bronco, such!« Sie kann sich kaputtlachen dabei, was ich ganz doll mag. Fast mehr als die Leckerli an sich. Und ich bin auch sehr vorsichtig beim Finden, denn ich weiß, dass ich bei Leckerli immer ein bisschen sabbere, was Rüdiger *nicht* so mag. Vor allem nicht in seinen Hausschuhen. Wenn Biggi etwas für die Kleinen im Wollkorb versteckt, dann zucken ihre Mundwinkel ebenfalls. Wolle lieben die beiden. Wenn sie dann nach einer kleinen Kabbelei mit sich und mit den Knäulen die Spielmaus finden oder ihren Quietscher, tauchen sie mit stolzem Blick auf und sehen aus wie kleine Monster. Rote Wollfäden um die Ohren, grüne Wollfäden an den Pfötchen, gelbe Wollfäden zwischen ihren kleinen spitzen Zähnchen. Wären sie keine kleinen Katzen, sondern Menschenkinder, könnte man denken, sie wären in einen Teller bunter Spaghetti gefallen. Biggi klatscht dann begeistert in die Hände und macht schnell ein Foto. Wenn sie lacht, ist es, als würde die Sonne scheinen, und ich bin glücklich. Daher ist es okay, dass die beiden Katzenkinder nun auch hier wohnen. Schließlich haben sie eine ähnliche Geschichte hinter sich wie ich. Und wenn ich daran denke, werde ich doch ganz weich.

Über dem Eingang des Hauses, in das mich die Hundefänger brachten, stand »Refugio para perros sin hogar« – Zuflucht für Hunde ohne Heimat. Es gab genug zu essen, andere Streuner, die ebenso struppig waren wie ich, und Menschen, die meinen kupierten Schwanz verarzteten und meine Schrunden heilten. Es kam mir fast vor wie das Paradies. Als dann eines Tages Biggi und Rüdiger auftauchten und noch netter waren als all diese Menschen, die sich im Refugio um uns kümmerten, als sie mich mitnahmen in dieses andere Land, ihr Land, ohne Flöhe und geimpft, hatte ich gefunden, wovon ich nie zu träumen wagte: ein Zuhause. In einem richtigen Haus, mit einem Futternapf, auf dem mein Name steht. Der Name, den sie mir gegeben haben. Bronco ist Spanisch. Es bedeutet so viel wie »der Wilde«, und das passt sehr gut. *Bronco me gusta mucho, wuff.*

Als Biggi die beiden ermahnt, spüre ich das Zögern an der Teppichkante, denn wenn Biggi in der Küche ist, könnte es sein, dass man dort etwas abstauben kann. Das wissen die beiden genauso gut wie ich. Aber sie reißen sich zusammen, denn sie haben einen Plan. Einen, der erst mal nichts mit Snacks und Trockenfischchen zu tun hat. Ich habe es gehört. Sie wollen Weihnachten retten. Mit allem Zipp und Zapp. Und sie wollen mich im Boot haben dabei.

»Du bist fies, Bronco, wenn du jetzt schläfst«, wispert Frida. »Du hast schon so oft Weihnachten erlebt. Wir noch nie. Aber wir wollen doch so gerne. Alles, das ganze Weihnachten. Mit Baum und Lichtern und Kugeln.«

»Und mit Lachsfisch«, jammert Fritz.

»Ja, mit Lachsfisch. Und mit Geschenken«, maunzt Frida.

»Und mit Hühnerhäppchen«, miaut Fritz. »Ganz vielen Hühnerhäppchen.«

»Ja, Hühnerhäppchen auch!« Frida sieht genervt hinüber zu Fritz, dem ewig Hungrigen.

»Hühnerhäppchen in Salat«, ergänzt er verzückt und überlegt kurz. »Dabei reicht doch eigentlich das Hühnchen. Salat drum rum mag ich gar nicht so gerne.«

»Menno, Fritz!«, faucht Frida und ihr Pfötchen zuckt, als wolle sie ihm einen Hieb verpassen. »Hühnchen mit oder ohne Salat – darum geht es grad gar nicht.«

»Nicht?«, fragt Fritz überrascht. »Aber Tomtom hat gesagt ...«

»Tomtom ist genauso verfressen wie du. Es geht um dieses Weihnachten, und alles, was damit zu tun hat. Nicht nur ums Fressen.«

»Gut, dann nicht. Dann geht es eben um anderes. Um diesen Glückwein zum Beispiel, den hätte ich auch gern mal ...«

Weiter kommt er nicht, denn dann hat er doch Fridas Pfötchen auf dem Näschen. Bevor sie sich in eine ihrer Balgereien verstricken, räuspere ich mich. »Glühwein«, korrigiere ich Fritz. »Das heißt Glühwein und ist absolut nichts für kleine Kätzchen.« Und als Fritz Anlauf zur Widerrede nimmt, stelle ich schnell noch klar: »Für große Kater auch nicht.«

Frida schnurrt dankbar. »Wenn ich es richtig verstanden habe, geht es bei Weihnachten darum, dass wir und die Menschen glücklich sind und singen. Schöne Lieder mit viel Hallo über den Owi, der lacht. Richtige Katzenmusik, hat der Tomtom gesagt. Und der Weihnachtsmann bringt Geschenke. Du kennst das, Bronco. Du hast das schon erlebt. Aber wir noch nicht. Wir wollen auch ein Weihnachten für uns, genau so!« Erschöpft von so viel Reden lässt sich Frida auf ihren kleinen Hintern sinken und sieht mich mit ihren gritzegrünen Augen an. Verzweifelt. Flehend.

»Und den Matjesheringsfisch«, schiebt Fritz leise schmollend hinterher. »Den will *ich*!« Dann beginnt er, um Waffenstillstand heischend, Frida und sich das Fell zu putzen. Ein bisschen erwischt er auch meine Pfote dabei.

Ich gebe mich geschlagen. »Also gut«, seufze ich. Vielleicht ist es ehrenrührig für einen Hund – einen großen, wilden –, dass er sich von zwei kleinen Katzenkindern einwickeln lässt. Aber dieses Jahr ist eben ein besonderes. Und diese beiden Kleinen sind es ebenfalls.

In Spanien dudelte den ganzen Dezember über *Feliz Navidad* aus den Lautsprechern der Bars und Läden des Dorfes, aber glücklich war daran gar nichts. Jedenfalls nicht in meinem Leben. Weihnachten war der traurige Höhepunkt in unserem Hundejahr. Drei Tage lang war alles dicht. Uns war kalt, wir hatten Hunger, und da alle Menschen zu Hause blieben und feierten, gab es auch nichts Vernünftiges zu essen. Unser Weihnachtsfest begann erst nach den Feiertagen, wenn wir die Reste der Braten und der Süßigkeiten aus den Mülltonnen angelten, hier ein Stück übrig gebliebenen Schinken, dort ein wenig Brot erbeuteten. An mein erstes Weihnachten mit Biggi und Rüdiger, mein erstes *richtiges* Weihnachten, erinnere ich mich sehr gut. Wir fuhren wie in all den Jahren danach zu Oma Hettie. Sie hatte Hundekekse für mich gebacken und ein Geschenk gekauft. Ein wunderschönes Halsband, in das mein Name und Biggis Telefonnummer eingraviert war. Damit alle wissen, dass ich zur Familie gehöre, sagte sie. Wir saßen in Oma Hetties Wohnzimmer vor einem großen Baum. Der leuchtete und glitzerte. Alles war wie goldenes Glück. Dieses Jahr aber dürfen wir an Weihnachten nicht zu Oma Hettie. Schon den ganzen Herbst über haben wir sie nur im Computer besucht. Sie ist ganz traurig, und wir sind es auch. Wenn Biggi jetzt nach draußen geht, lächelt sie gar nicht mehr, obwohl auf dem Tuch, das sie sich beim Einkaufen vor den Mund bindet, kleine Smileys aufgemalt sind. Das Tuch soll verhindern, dass sie krank wird. So viel habe ich inzwischen verstanden. Im Fernsehen abends erzählen sie immer davon. Und dass alle zu Hause bleiben müssen. Das haben wohl auch die beiden Kleinen gehört, und nun befürchten sie, dass der Weihnachtsmann ebenfalls zu Hause bleibt und Weihnachten ausfällt. Darum wollen sie die Sache selbst in die Pfötchen nehmen.

»Wir brauchen bunten Kram für den Baum, hat Tomtom gesagt. Und Lichter, hat er gesagt. Und leckeres Essen.« Frida scheint eine Liste von Weihnachtszutaten in ihrem kleinen Köpfchen zu haben. Ihr Plan ist an vielen Stellen etwas vage, an anderen sehr gewagt, aber alles in allem recht kompakt. »Und Geschenke brauchen wir auch, wenn der Weihnachtsmann keine bringen kann.«

»Mäuse«, platzt Fritz heraus.

»Wie: Mäuse?«, frage ich.

»Als Geschenke«, sagt er. »Mäuse sind prima Geschenke. Wenn sie noch leben, kann man supergut damit spielen. Und wenn sie tot sind ... mmmmm.« Schwärmerisch verdreht er die Augen und leckt sich mit seiner rosa Zunge übers Schnäuzchen.

»Vergiss das mit den Mäusen«, rate ich ihm.

»Aber warum? Ich habe total Spaß damit.« Er sieht mich an, und Begeisterung strahlt über seine siebenundzwanzig Schnurrhaare hinweg.

»*Du*«, sage ich bestimmt. »*Du* hast Spaß damit. Aber hast du jemals Rüdiger mit einer halbtoten Maus spielen sehen? Oder hat er schon mal welche zum Abendessen gebraten?«

Fritz schweigt und überlegt angestrengt. Das ist Fridas Einsatz:

»Geschenke sind schwierig. Was anderes als Mäuse ist mir bis jetzt auch nicht eingefallen.«

»Bitte! Keine!! Mäuse!!! Das ist mein Ernst!«, belle ich, weil ich Biggis Ekel kenne, wenn sie wieder eine im Badezimmer findet, die die beiden ihr dorthin gelegt haben. Das, was Biggi dann von sich gibt, ist kein Freudenschrei. Aber den Unterschied müssen die Kleinen wohl erst noch lernen. »Vielleicht reicht es ja, wenn wir besonders nett sind. Das ist irgendwie auch ein Geschenk«, schlage ich vor.

»Ja, ein ziemlich großes«, stellt Fritz fest. »Besonders nett zu sein ist anstrengend.«

»Und außerdem machen wir das mit dem Baum. Das reicht vielleicht als Geschenk«, resümiert Frida. »Der Baum, sagt Tomtom, ist das Wichtigste an Weihnachten.«

»Und der Weihnachtsmann«, maunzt Fritz.

»Auf den können wir nicht warten, du Dussel. Darum machen wir das doch alles selbst.« Für einen Moment sieht es so aus, als wolle Frida ihrem Bruder mit Pfötchen und Zähnchen den Plan einbläuen, aber sie reißt sich zusammen und schaut mich an. »Also, Bronco«, sagt sie dann, »was kannst *du* machen, um Weihnachten zu retten?«

Ich seufze tief. Genau diese Frage hatte ich befürchtet.

Die Zeit auf der Straße hat mich einiges gelehrt: unbemerkt zu klauen, wachsam zu sein und in Menschen zu lesen, wie sie es in ihren Büchern tun. Dinge verschwinden in den Tagen vor Weihnachten. Aus Körben, aus Kisten, aus dem Regal. Hinten am Gartenhäuschen unter der Abdeckung der Hollywoodschaukel wächst ein kleiner Berg verschleppter Beute. Manchmal wird Biggi stutzig und sucht etwas, das sie doch gerade noch gesehen hat, aber dann klingelt das Telefon oder ihr Handy summt, und schon ist sie mit anderen Dingen beschäftigt. Wenn das nicht passiert, gebe ich ein kurzes Wuff von mir. Das ist das Zeichen für Fritz und Frida, irgendwelchen Unfug zu machen, auf den Esstisch zu springen, am Sofa zu kratzen oder die Vase auf dem Teppich mit Unterschreitung der Mindestdistanz zu umkreisen. Denn langsam begreife ich: auch kleine Kätzchen wissen schon sehr genau, was sie dürfen und was nicht und wann etwas kippen kann. Sie haben nur häufig keine Lust, darauf Rücksicht zu nehmen, und finden es spannender zu beobachten, was nach dem Kippen passiert. Wenn die beiden dann in Aktion sind, ist Biggi abgelenkt und vergisst, was sie vorher stutzig gemacht oder wonach sie gesucht hat. Die bunte Wolle zum Beispiel, die nun fehlt. Oder zehn von den roten Äpfeln, die im Vorratskeller lagern. Ich habe nach und nach alles hinten in den Garten geschleppt, froh darüber, dass irgendeiner meiner Vorfahren ein Retriever mit weichen Lefzen gewesen sein muss, so dass nur zwei der Äpfel Bissspuren haben. Am schwierigsten zu entwenden war allerdings die lange Lichterkette, die Rüdiger im letzten Jahr im Busch vorm Eingang aufgehängt hatte. Die lag in der hintersten Ecke im Werkzeugkeller, mit Batterien und allem. Sie da rauszutüddeln und so zu deponieren, dass die beiden Kleinen sie in einer Art Räuberleiter unbemerkt durch das offene

Kellerfenster nach draußen befördern konnten, war wohl bisher unsere größte Leistung, denn wäre ich mit der Lichterkette quer durch das Haus stolziert, hätte Biggi uns bestimmt erwischt. Seitdem sitzen Fritz und Frida immer dann, wenn Biggi mit mir Gassi geht, auf der Hollywoodschaukel und versuchen mit ihren Pfötchen den Schalter umzulegen. Und es scheint zu klappen. Als wir vorhin über den kleinen Weg zurückgekommen sind, habe ich durch die Hecke einen Lichtschein gesehen. Ich habe gebellt, damit sie gewarnt sind, und prompt war es wieder dunkel. Jetzt haben wir alles zusammen. Wir sind gewappnet.

Am Heiligen Abend ist miese Stimmung. Jedenfalls bei Rüdiger und Biggi.

»Normalerweise wären wir jetzt ...«, beginnt sie.

»Es ist aber nichts normal dieses Jahr«, sagt er.

»Mama würde jetzt ...«, seufzt sie.

»Wir machen nachher Facetime mit ihr«, sagt er.

»Wenn ich nur an ihren Hühnersalat denke«, sagt sie, und als sie das sagt, werde ich ebenfalls ganz traurig, denn Oma Hetties Hühnersalat ist wirklich lecker, nicht nur die Hühnerhäppchen, sondern auch der Salat drumrum.

»Wir ignorieren Weihnachten einfach, Schatz. Das hatten wir doch abgesprochen«, sagt Rüdiger.

Das ist unser Signal.

Fritz kippt die Vase um. Frida maunzt und tut so, als wolle sie auf den Teppich pullern, und ich fange an zu bellen. Unsere Menschen meckern ein bisschen, dann öffnen sie die Tür zum Garten. Sie schmeißen uns raus, damit sie in Ruhe traurig sein können. Für uns geht es jetzt richtig los: Wir haben uns die Tanne ausgesucht, die drüben am Zaun zu den Müllers steht, damit Tomtom auch schöne Weihnachten hat. Außerdem sind unsere Aktivitäten hier vom Wohnzimmer aus nicht gleich zu sehen. Ich apportiere unsere Fundstücke, und die beiden Kleinen klettern mit den Wollknäulen im Baum herum. Es sieht zwar nicht ganz so aus wie das Lametta bei Oma Hettie, aber es ist schön bunt. Mir gefällt es gut. Die Klettertour im Baum mit der Lichterkette ist etwas schwieriger, aber nach einer Viertelstunde ist auch das erledigt. Gut, dass Biggi und Rüdiger so mit sich beschäftigt sind, dass ihnen gar nicht auffällt, wie lange sie schon nichts von uns gehört haben. Am Schluss versuche ich, die schwersten Sachen so hoch auf die Zweige zu legen, wie ich komme. Die Äpfel kugeln hin und her, aber irgendwie schaffen wir es, dass sie blankgeputzt von Katzenpfötchen und leuchtend rot unseren Weihnachtsbaum krönen. Und nun kommt der aufregendste Moment. Fritz und Frida tippen gemeinsam gegen den Schalter. Das Licht geht an! Wie schön er ist: unser Weihnachtsbaum! Wir maunzen und bellen und haben vor lauter Begeisterung nicht gemerkt, dass Biggi und Rüdiger herausgekommen sind und hinter uns stehen.

»Siehst du«, sagt Biggi, und ihre Stimme zittert ein bisschen, »du kannst Weihnachten nicht einfach ausfallen lassen.« Während sie uns alle drei krault, holt Rüdiger sein Smartphone heraus und macht ein Foto von uns allen zusammen vor dem Baum für Oma Hettie.

Alles andere passiert plötzlich ganz schnell. Herr Müller von nebenan, der eigentlich bloß Tomtom füttern wollte, hat unseren Baum gesehen und kommt mit seiner Frau zum Staunen herüber. Sie bringen Schmalzbrote mit, weil Schmalzbrote für Müllers zu Weihnachten gehören. Aber allein zu essen ist so langweilig. Auf dem Weg zu uns haben sie die Haders von gegenüber getroffen, und die sind gleich mitgekommen, denn so einen schönen Baum hat hier wirklich noch niemand gesehen. Herr Hader hat eine Thermoskanne mit Glühwein dabei, den er gerade frisch gemacht hat. Aber mit mehreren schmecke er gleich viel besser, sagt Herr Hader. Schließlich kommt noch der olle Ole an den Zaun auf der anderen Seite. Er bringt sein Akkordeon mit, weil ja Weihnachten ist. Eines, an dem man zwar nicht singen darf, aber Musik vor so einer schönen Tanne muss einfach sein. Alle stehen um unseren Baum herum und sind entzückt.

»Mit Abstand, so wie's sein soll, und im Freien«, murmelt Rüdiger.

»Aber im Herzen ganz nah«, seufzt Biggi.

Die Lichterkette leuchtet, die roten Äpfel glänzen, die Wollfäden schaukeln im Wind. Als Rüdiger dann auch noch ein Feuer im Feuerkorb entzündet, damit uns nicht kalt wird, da kommt er tatsächlich: der Weihnachtsmann. Mit einem Bart, einer roten Jacke, einer rotweißen Mütze und einem Paket für Biggi im Arm. Die Kleinen sind ganz aufgeregt.

»Ist er das?«, fragen sie mit zitternden Schnurrhaaren.

»Ja, das ist er, bestimmt«, antworte ich.

»Er ist gar nicht krank?«

Ich schüttele den Kopf. »Sieht nicht so aus.«

»Und er kommt nur unseretwegen? Weil wir Weihnachten gerettet haben? Mit unserem Baum?«

»Ja, genau deswegen.«

Der Weihnachtsmann beugt sich zu ihnen hinunter, streicht ihnen übers Fell und stellt eine Portion Lachs-Leckerli vor ihre kleinen zuckenden Näschen. Sie sind so aufgeregt, dass sie sich beim Schnurren fast verschlucken. Auch ich bekomme etwas. Einen Knochen aus leckerer Rinderhaut. Ich verrate Fritz und Frida nicht, dass unser Weihnachtsmann eigentlich Günter heißt. Wir kennen uns. Er ist Postbote und hat immer etwas Leckeres für uns Vierbeiner in der Tasche.

Fritz und Frida haben es geschafft: Sie haben das Fest für uns alle gerettet, mit dem schönsten Weihnachtsbaum, den ich jemals gesehen habe. So sind es doch noch überraschend fröhliche Weihnachten geworden. Und vielleicht wird es dann ja auch ein glückliches neues Jahr. *Feliz navidad, próspero año y felicidad.* Wuff!

Quellenverzeichnis

Annette Amrhein, *Tannhäuser, der Theaterkater*, S. 54. Originalbeitrag © Annette Amrhein. Abdruck mit freundlicher Genehmigung der Autorin

Anja Baumheier, *Oneiros*, S. 79. Originalbeitrag © Anja Baumheier. Abdruck mit freundlicher Genehmigung der Autorin

Claire Beyer, *Jack, der Meisterdieb*, S. 7. Originalbeitrag © Claire Beyer. Abdruck mit freundlicher Genehmigung der Autorin

Dorette Deutsch, *Weihnachtsmusik mit Katze*, S. 147. Originalbeitrag © Dorette Deutsch. Abdruck mit freundlicher Genehmigung der Autorin

Tanja Dückers, *Wenn die Lichter angehen*, S. 34. Originalbeitrag © Tanja Dückers. Abdruck mit freundlicher Genehmigung der Autorin

Ellen Dunne, *Das rote Phantom*, S. 18. Originalbeitrag © Ellen Dunne. Abdruck mit freundlicher Genehmigung der Autorin

Katharina Greve, *Der Katzenbaum*, S. 74. Erstveröffentlichung in: Die Katze unterm Weihnachtsbaum. Die schönsten Geschichten zum Fest. Herausgegeben von Gesine Dammel. Insel Verlag Berlin 2017 © Katharina Greve. Abdruck mit freundlicher Genehmigung der Autorin